L'islam

DANS LA MÊME COLLECTION

L'agriculture, Jacques GRALL
L'Algérie, Patrick EVENO
Asie du Sud-Est : le décollage, Hugues TERTRAIS
Les banlieues, Jean MENANTEAU
La bourse, Dominique GALLOIS
Le catholicisme, Henri TINCQ
Les chômages, Olivier MAZEL
La Chine, à la fin de l'ère Deng Xiaoping, Patrice DE BEER
Jean-Louis ROCCA
Le commerce international : du GATT à l'OMC, Chantal BUHOUR
La consommation, Fabrice NODÉ-LANGLOIS, Laurence RIZET
Décentralisation et aménagement du territoire, René MEISSEL
L'économie allemande, Jacques-Pierre GOUGEON
L'économie des Etats-Unis, Serge MARTI
L'économie sociale, Eric BIDET
Economie et environnement, Sylvie DERAIME
L'économie mondiale de la drogue, Jean-Claude GRIMAL
L'exclusion : le social à la dérive, Olivier MAZEL
La faim dans le monde, Pierre LE ROY
La famille, Christiane CORDÉRO
Finance et économie : la fracture, Olivier PIOT
L'immigration, Philippe BERNARD
Les institutions européennes, Marcel SCOTTO
Les jeunes, Valérie MARANGE
La justice, Claude BERNARD
Les matières premières, Marie DE VARNEY
Monnaie, monnaies, Michèle GIACOBBI, Anne-Marie GRONIER
Moyen-Orient : crise et enjeux, Alain DURET
Le multimédia : la révolution au bout des doigts, Michel ALBERGANTI
La nouvelle menace nucléaire, Alain DURET
Les partis politiques et l'argent, Claude LEYRIT
La politique culturelle, Jean-Michel DJIAN
La population du monde, Guy HERZLICH, Jean-Claude GRIMAL
La protection sociale, François CHATAGNER
Le Royaume-Uni : économie et société, Paul VAISS
La Russie : espoirs et dangers, Bernard FÉRON
Sport et société, Jean-Jacques BOZONNET
Les Tiers mondes, Micheline ROUSSELET
Transitions à l'Est, Alain GÉLÉDAN
Le travail : toujours moins ou autrement, Alain LEBAUBE
Le travail des femmes, Christiane CORDÉRO
Yougoslavie : histoire d'un conflit, Bernard FÉRON

Paul Balta

L'islam

Le Monde
EDITIONS

MARABOUT

Collection dirigée par
Jean-Claude Grimal et Olivier Mazel

Service de documentation du *Monde*

Conception et réalisation des graphiques et des cartes :
Philippe Rekacewicz et Cécile Marin

Composition et mise en page :
Atelier Ledoux, Bruxelles

Sommaire

Introduction

L'islam et les musulmans font souvent la « une » des médias pour toutes sortes de raisons : proclamation de la République islamique d'Iran en 1979, après le renversement de la dynastie des Pahlavi, actions du Front islamique du salut (FIS), créé en 1989 en Algérie, épuration ethnique que les Serbes ont fait subir aux musulmans de Bosnie-Herzégovinc, attentat du *World Trade Center* de New York en 1993, imputé à des « intégristes terroristes », manifestations du mouvement *Hamas* palestinien, hostile aux négociations avec Israël, déclarations xénophobes des organisations d'extrême-droite contre des travailleurs maghrébins et turcs désireux de disposer de mosquées pour prier, revendication par le GIA (Groupe islamique armé) algérien d'assassinats d'intellectuels, de simples gens, de prêtres et, en 1996, des sept moines de Tibhirine, puis de Mgr Pierre Claverie, archevêque d'Oran…

Parce qu'ils ont tendance à considérer l'islam comme un tout, immuable dans le temps et statique dans l'espace, les Européens sont surpris et effrayés par la nébuleuse musulmane à la fois si proche et si lointaine, mais que la plupart d'entre eux connaissent peu ou mal. Plusieurs sondages ont montré qu'une majorité des personnes interrogées considèrent qu'islam et violence sont synonymes. Bien peu ont conscience des formidables mutations que le monde arabe et le monde musulman – qui ne se confondent pas en dépit de nombreux liens – ont subi depuis près de deux siècles du fait de la colonisation et, d'une façon plus générale, de l'évolution même de l'Occident.

Trop nombreux sont ceux qui confondent religion avec coutumes sociales ou régimes politiques, et ceux qui font l'amalgame entre le croyant (pratiquant ou non), le traditionaliste frileux, le moderniste militant, l'activiste ouvert au dialogue et le fanatique intransigeant. Nombreux sont-ils aussi à ignorer cette réalité, ce postulat : tous les musulmans ne sont pas arabes, tous les Arabes ne sont pas musulmans. En effet, l'aire musulmane, qui s'étale comme une écharpe du Maroc à l'Indonésie et de l'Afrique à l'Asie centrale, comprend aussi bien des Arabes que des Iraniens, des Turcs, des Kurdes, des Berbères, des Noirs, africains et américains, des Indiens, des Chinois… Au total, ils sont plus d'un milliard. Les Arabes – un peu plus de 250 millions – comptent 8 à 10 % de chrétiens dans leurs rangs.

Ce livre s'efforce de donner des clés permettant de mieux connaître les multiples facettes de l'islam [1] : la religion, le dogme, les schismes et la pratique quotidienne ; la civilisation arabo-musulmane et son apport au patrimoine universel ; le déclin et ses causes ; la diversité des sociétés, leurs réactions face aux idéologies (y compris l'islamisme) et à la modernité ; le statut des femmes ; les rapports avec la science et la technologie ; enfin, les différents courants de l'islam radical et les relations avec le monde occidental.

---

1. Selon l'usage, islam, avec minuscule, désigne la religion (comme judaïsme, christianisme…) alors que l'Islam, avec majuscule, désigne l'espace musulman et sa civilisation. Les islamistes mettent toujours une majuscule.

CHAPITRE I

Islam et religion

■

*Après le judaïsme et le christianisme, l'islam est la troisième grande religion monothéiste révélée. Elle a été transmise par Dieu (*Allah, *en arabe) au prophète Mahomet*[1] *(Muhammad) qui veut dire « le plus loué ». L'islam, « soumission à Dieu », a vu le jour dans l'Arabie désertique au début du* VIIe *siècle. La* charia, *ou loi islamique, repose sur le Coran, parole de Dieu dictée en langue arabe, devenue langue sacrée ; sur la* sunna, *récit rapportant la vie de Mahomet considérée comme exemplaire et qu'il convient d'imiter et sur le* fiqh, *ou droit musulman élaboré par des juristes-religieux. Peu après la mort de Mahomet, en 632, l'islam a connu deux grands schismes : le* kharijisme *et le* chiisme *par opposition à la majorité sunnite. Puis, parallèlement à l'islam officiel, s'est développé un islam populaire, celui du* soufisme *(mysticisme) et des confréries.*

---

1. L'usage, en France, a retenu Mahomet qui le distingue du commun ; les orientalistes écrivent Muhammad ; la presse a simplifié en Mohamed ou Mohammed. De même, les arabisants écrivent *umma* mais on prononce *oumma* ; pour faciliter la lecture, nous avons utilisé le *ou* pour les termes les plus courants.

Les musulmans

Source : d'après «les musulmans dans le monde», *R.Delval, E.J. Brill, CHEAM, Paris, 1984.*

dans le monde

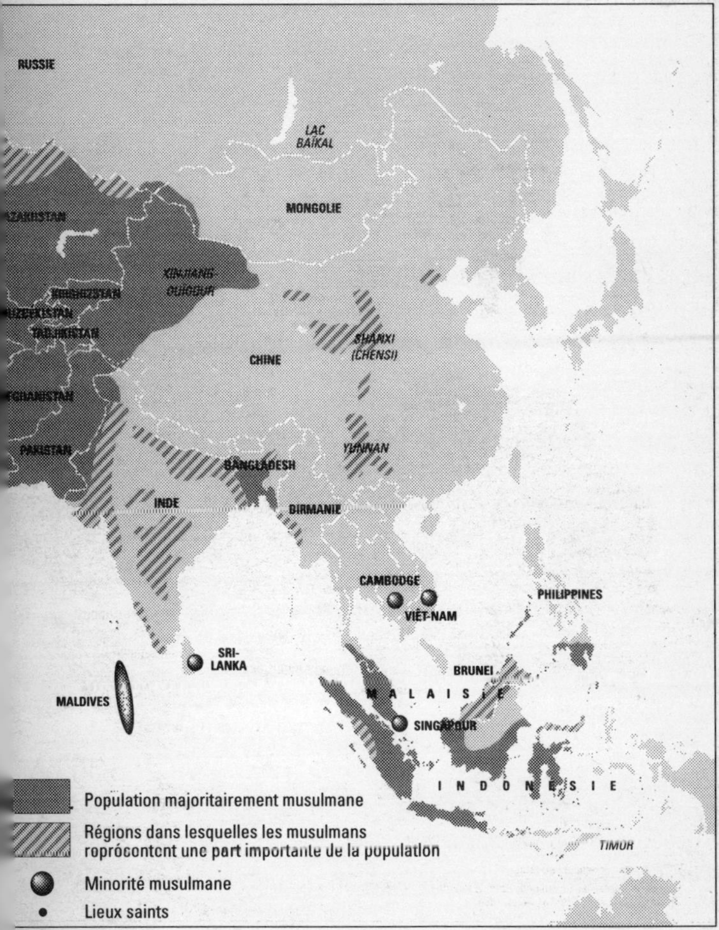

1. Naissance de l'islam

Mahomet est né vers 570 à La Mecque, dans la péninsule arabique. Grande comme les deux tiers de l'Europe, elle comprend l'Arabie heureuse, montagneuse et verdoyante (le Yémen) et l'Arabie des déserts parsemée de quelques oasis de palmiers-dattiers. Encastrée entre la mer Rouge, le golfe Persique et l'océan Indien, la péninsule est alors au contact de pays de vieilles civilisations : l'Egypte pharaonique convertie au christianisme au début de notre ère, l'Ethiopie christianisée et puissante, le Yémen où vécut la reine de Saba, la Syrie qui inventa l'écriture, la Palestine juive et romaine où naquit Jésus, la Mésopotamie où avaient rayonné Sumer et Babylone, la Perse où régnait le zoroastrisme, autre religion monothéiste mais non « révélée », prêchée par le mage Zarathoustra (660 à 580 av. J.-C.).

L'Arabie du VIe siècle est peuplée de Bédouins : les nomades y conduisent leurs troupeaux de chèvres et les caravanes de dromadaires ; les citadins y vivent du commerce. A part quelques tribus juives et les chrétiens du Yémen, chameliers et citadins sont polythéistes. Superstitieux, ils craignent les *djinns*, esprits malins, et vénèrent au sanctuaire de la Kaaba à La Mecque, plus de trois cents idoles dont le grand dieu Hobal, Al Lât, déesse de la fécondité, Al Ozza, la « très puissante », et Manât, déesse du destin des hommes, qui attirent de nombreux pèlerins.

La vie de bédouin est rude : été brûlant, nuits d'hiver glaciales, maigres pâturages. Dans les périodes de disette, le nomade se livre à la *razzia*, au pillage, et n'hésite pas à enlever femmes et enfants qu'il vend comme esclaves. Tout bédouin – nomade ou sédentaire – appartient à une tribu formée d'une dizaine de clans, lesquels concluent des alliances pour faire front contre des tribus ennemies.

Autre caractéristique : le bédouin s'inscrit dans une lignée d'ancêtres qui garantissent sa noblesse. Ainsi Mahomet appartient-il à la tribu des Qoraychites (« requin », en arabe), une des plus puissantes de La Mecque ; il est le petit-fils d'Abdel Mutallib, chef du clan des Bani Hachem ou Hachémites, et fils d'Abdallah et de la belle Amina. Le bédouin est fier d'avoir des fils car ils peuvent être pasteurs ou guerriers. N'avoir que des filles est méprisable ; considérées comme des bouches inutiles – certains les enterrent vivantes les années de pénuries –, elles peuvent, en outre, être cause de déshonneur, alors que l'honneur est sacré chez les Arabes [2].

Immense étendue de sable et de rocs, l'Arabie n'est qu'un carrefour caravanier situé à la lisière de deux grands empires, en déclin il est vrai. Au nord, l'empire byzantin est l'héritier de la tradition païenne gréco-romaine, mais juifs et chrétiens y dominent ; à l'est, l'empire perse – où le sassanide Chosroès, vainqueur des Byzantins, a régné de 531 à 579 – est fier de sa civilisation millénaire.

Mahomet est orphelin de père à sa naissance et il perd sa mère alors qu'il n'a que dix ans. Il est recueilli par son grand-père qui meurt à son tour, deux ans plus tard. Devenu chef du clan, Abou Tâlib, son oncle paternel, l'accueille et devient son tuteur. Il l'emmène dans ses voyages avec son fils Ali. Un jour, en route vers la Syrie, ils rencontrent Bahira, moine chrétien qui, ayant vu Mahomet en songe portant une auréole, le reconnaît et s'écrie : « Tu es l'Envoyé de Dieu, le Prophète qu'annonce ma Bible ! » Les musulmans y verront un signe du ciel.

Khadija, riche veuve, confie ses caravanes à Mahomet devenu jeune homme. Appréciant ses qualités et le trouvant séduisant, elle décide de l'épouser en 595. Il a 25 ans, elle en

---

2. Anne-Marie DELCAMBRE, *Mahomet, la parole d'Allah,* Découvertes-Gallimard, 1987.

a 40. Bien que seules leurs filles – Zaynab, Roqayya, Fâtima et Omm Kolthoûm – aient survécu, il restera monogame pendant près d'un quart de siècle, jusqu'à la mort de Khadija en 619. A l'approche de la quarantaine, il prend l'habitude de se retirer la nuit sur le mont Hira, près de La Mecque. En l'an 612, l'archange Gabriel (Jibril) lui apparaît et lui dit : « Tu es l'Envoyé de Dieu, son Prophète. » Puis il lui ordonne de réciter ce qu'il entendra. Ces révélations formeront le Coran, de l'arabe *Qur'an*, récitation.

Cette même année, Mahomet entame sa prédication et commence par convertir ses proches, notamment sa femme Khadija et son cousin Ali qui épousera sa fille Fâtima. Le message touche surtout les pauvres : marchands d'eau, affranchis, esclaves comme le noir Bilal qui deviendra le premier *muezzin*, celui qui appelle à la prière. En proclamant que Dieu est unique, il irrite les commerçants mecquois qui le persécutent car ils craignent qu'il discrédite les idoles et ruine leur pèlerinage. Abou Lahab, nouveau chef des Bani Hachem, est l'ennemi juré du Prophète. Il lui retire la protection du clan : Mahomet est en danger de mort car n'importe qui peut désormais le tuer sans encourir la loi du talion.

Or la ville de Yathrib a besoin d'un arbitre. En 622, accompagné de ses disciples, il gagne cette oasis qui prend le nom de Médine, la « Ville du Prophète » : c'est l'hégire, l'émigration (*hijra*), qui marque l'an 1 de l'islam. Chef politique et militaire, il signe alors avec des tribus juives et arabes un pacte appelé *Constitution de Médine*. Ses partisans prennent le nom de *muslimûn*, musulmans. Il substitue à la tribu et aux liens du sang la « nouvelle alliance », celle de la *oumma*, ou communauté de ceux qui ont fait allégeance et qui doivent être solidaires et se protéger mutuellement, quelle que soit leur origine ou la couleur de leur peau.

De son veuvage, en 619, à sa mort, en 632, Mahomet prendra au total dix épouses dont Aïcha, « la bien-aimée », la fille d'Abou Bakr – un des premiers convertis – et deux concubines, Raihana, la juive, et Maria, la copte, la seule à lui avoir donné un fils, Ibrahim, mort en l'an 8 de l'hégire (630). Certains de ces mariages scelleront des alliances qui visent à consolider le jeune Etat musulman.

Plusieurs batailles vont opposer Mahomet à La Mecque. En 623, en butte à des difficultés d'approvisionnement, il lance le *Raid de Nakhla*. En réalité, c'est une razzia, mais Mahomet lui donne une dimension religieuse, celle de *Jihad*, qui signifie combat dans la voie de Dieu contre soi-même pour devenir meilleur et, par extension, guerre sainte contre les infidèles. Puis il remporte la victoire à Badr (624), perd à Ohoud (625) mais gagne la « Bataille du fossé » (627), celui qui avait été creusé pour protéger Médine, sur les conseils d'un esclave persan, Salmân al-Farisi.

Ce succès incite le Prophète à ordonner la décapitation des membres de la tribu juive médinoise des Banu Qurayza qui s'étaient moqué de lui et des musulmans. Un an plus tard, c'est la riche oasis juive de Khaybar qu'il met à sac. Le refus des juifs de se convertir et leur alliance avec les Mecquois auront une conséquence religieuse : ils demeureront certes, comme les chrétiens, les « Gens du Livre », mais la prière ne sera plus effectuée en direction (*qibla*) de Jérusalem ; celle-ci reste cependant la troisième ville sainte de l'Islam, après La Mecque et Médine.

Le 11 janvier 630, le Prophète et ses compagnons entrent triomphalement à La Mecque. Il se rend à la Kaaba qui, selon la tradition, a été édifiée par Adam, détruite par le Déluge, reconstruite par Abraham (et son fils Ismaël, ancêtre des Arabes) qui y a scellé la Pierre noire, météorite apportée par l'ange Gabriel. Mahomet donne un sens nouveau aux anciens symboles : il fait de la Kaaba la « Maison de Dieu », frappe les idoles aux yeux, ordonne de les renverser et de les détruire, proclame *Allah Akbar*, « Dieu est le plus grand ».

L'ère hégirienne

<table>
<tr><td colspan="2">Début de l'ère hégirienne : 16 juillet 622.</td></tr>
<tr><th>Mois : 29 ou 30 jours</th><th>Fêtes musulmanes</th></tr>
<tr><td>Muharram
Safar
Rabi al Awal
Rabi al Thani
Djumada al Ula
Djumada al Thaniya
Radjab
Shaban
Ramadan
Shawal
Dhu al Qidah
Dhu al Hijjah</td><td>• 1er Muharram :
jour de l'an
• Mouloud (12 Rabi al Awal) :
naissance du Prophète
• Ramadan : mois de jeûne
• Aid es Seghir (Petite fête)
ou
Aid el Fitr = 1er shawal :
fin du jeûne de Ramadan
• Aid el Kebir (Grande fête)
ou
Aid el Adha (10 Dhu al Hijjah) :
sacrifice du mouton en commémoration du sacrifice d'Abraham</td></tr>
<tr><td colspan="2">Pour passer d'un calendrier à l'autre *

• du calendrier musulman au calendrier grégorien : on multiplie par 0,97 (différence entre l'année lunaire et l'année solaire) et on ajoute 622 :

1400 = 1400 x 0,97 = 1358 + 622 = 1980

• du calendrier grégorien au calendrier hégirien : on retranche 622 et on divise par 0,97 :

1980 = 1980 – 622 = 1358 : 0,97 = 1400

Il y a 11 jours de moins dans l'année lunaire que dans l'année solaire.</td></tr>
</table>

* Cette méthode de calcul n'est pas d'une rigueur absolue.

Rentré à Médine, il lance quelques expéditions pour étendre l'influence de l'Etat naissant. Il revient à La Mecque en *Dhu al Hijja* de l'an 10 (mars 632) pour le pélerinage dit « de l'adieu ». Observé par les croyants, il accomplit les gestes qui deviendront rituels. Il fait les ablutions de purification, revêt l'*ihrâm*, étoffe blanche sans couture symbolisant l'égalité des musulmans devant Dieu quelles que soient leur race et leur richesse, tourne sept fois autour de la Kaaba en récitant des prières de repentir, court sept fois entre les collines de Safra et de Marwa pour commémorer la fuite éperdue d'Agar, servante d'Abraham, et les pleurs d'Ismaël, leur fils – chassés tous deux à la demande de Sarah, l'épouse légitime –, lance sept cailloux pour lapider Satan, pousse sept fois la formule sacrée *Allah Akbar*, « Dieu est le plus grand », boit de l'eau de Zemzem, source de vie et de jouvence. Au dixième jour, c'est le sacrifice du mouton, en souvenir d'Abraham qui avait accepté d'immoler Isaac, fils de Sarah, pour obéir à Dieu qui retint son bras au moment fatidique.

Dès la fin des cérémonies, Mahomet regagne Médine, âgé de 60 ou 62 ans. Il ne reverra plus sa ville natale. Pris de fièvre, il meurt brusquement, le 8 juin 632, dans les bras d'Aïcha, laissant la *oumma* désemparée, car il n'a ni rédigé de testament ni désigné de successeur. Il avait toutefois recommandé de pratiquer la *choura*, la « consultation ».

Ses compagnons se réunissent aussitôt, car les nombreux prétendants à la succession menacent l'unité encore fragile de la communauté. En l'absence d'Ali, occupé à enterrer son cousin et père adoptif, ils s'empressent, à la fin d'une discussion houleuse [3] de désigner un *calife* (lieutenant ou remplaçant), le vieil et sage Abou Bakr, père d'Aïcha. Les trente premières années de l'hégire seront glorieuses, quoique trou-

---

3. Maxime RODINSON, *Mahomet*, Le Seuil, 1979 ; voir aussi Martin LINGS, *Le Prophète Muhammad*, Le Seuil, 1986.

blées. Ainsi, les quatre premiers califes *rachidoun*, les « bien guidés », sont particulièrement vénérés, même si trois d'entre eux ont péri assassinés.

Abou Bakr n'a régné que deux ans (632-634). Omar Ibn al-Khattab, père de Hafça, autre épouse de Mahomet, lui succède (634-644), prend le titre de *Amir al Mou'minin*, « Commandeur des Croyants », et entame les chevauchées conquérantes ; il meurt poignardé par un esclave chrétien. Le troisième calife, Othman (644-656), aristocrate et homme d'affaires mecquois, est assassiné à Médine pour avoir trop servi les intérêts de son puissant clan des Banu Omayya, les futurs Omeyyades ; son principal titre de gloire est d'avoir fait établir, en 652, la version du texte coranique en usage jusqu'à nos jours. Le clan rival des Banu Hachem est soupçonné du meurtre d'Othman qui ouvre une période de guerres civiles et de schismes, appelée *Fitna*, la « grande rupture ». Ali, quatrième calife (656-661), périt par l'épée d'un schismatique kharijite (comme on le verra plus loin).

Le miracle, pour les chrétiens, est que le Verbe de Dieu s'est fait Chair en la personne de Jésus-Christ. Pour les musulmans qui affirment avec force l'unicité de Dieu, ce dernier n'a pas « engendré, ni ne fut engendré » (Coran, CXII, 3) et le miracle est que le Verbe s'est fait Livre avec le Coran. Toutefois, les messages transmis par le Créateur n'avaient été que très partiellement rassemblés du vivant du Prophète : les disciples les avaient appris par cœur ou les avaient notés sur des pierres plates, des morceaux de cuir et des omoplates de chameaux, alors supports habituels de l'écriture.

Le Coran [4] est composé de 114 chapitres ou sourates, divisés en 6 226 versets, *ayât* (ou 6 211, 6 216, 6 236, selon d'autres lectures). A l'exception de la première, la *Fatiha*,

4. Il en existe de nombreuses traductions en français ; signalons, entre autres, celles de KAZIMIRSKI, régulièrement rééditée chez Garnier, depuis 1840 ; de Denise MASSON, chez Gallimard ; de Jacques BERQUE, chez Sindbad.

l'« Ouverture », les sourates ont été rassemblées par ordre de longueur décroissante et non chronologiquement. En effet, appelées « sourates médinoises », les plus longues ont été révélées à Médine, entre 622 et 632 ; leur ton est à la fois plus juridique et plus solennel car le Prophète n'est plus seulement un chef religieux : il est aussi un homme politique et un général qui entend édifier un Etat. En revanche, les « sourates mecquoises » révélées avant l'hégire sont d'un lyrisme incantatoire ou prédicateur, afin d'entraîner l'adhésion à la nouvelle foi. L'humble persécuté de La Mecque s'est mué en souverain de Médine, en conquérant puissant et orgueilleux, en guide de l'Arabie, et cette transformation se ressent dans le texte coranique, ce qui prouve – selon certains commentateurs du Coran – que Dieu tient compte des évolutions.

Le Coran s'inscrit dans la tradition abrahamique mais souligne que juifs et chrétiens ont dénaturé leur Révélation. Les sourates portent des titres variés : « la Vache », « les Femmes », « le Butin », « Joseph », « Marie », « les Prophètes »,

Fatiha, « Ouverture »

1. Au nom de Dieu, le Tout miséricorde, le Miséricordieux
2. Louange à Dieu, Seigneur des univers
3. le Tout miséricorde, le Miséricordieux
4. le roi du Jour de l'allégeance.
5. C'est Toi que nous adorons, Toi de qui le secours nous implorons
6. Guide-nous sur la voie de rectitude
7. la voie de ceux que Tu as gratifiés, non pas celle des réprouvés, non plus de ceux qui s'égarent.

(Traduction de Jacques BERQUE)

« les Hypocrites », « la Répudiation », « l'Homme », « la Résurrection »... Plusieurs parlent de la Bible, de Marie, mère de Jésus, lequel est vénéré et considéré comme un grand prophète qui a fait des miracles mais n'est pas le fils de Dieu et n'a pas été crucifié. Le Coran est à la fois une somme théologique qui expose le dogme, un code juridique et social, un traité de morale, un manuel de savoir-vivre.

Pour attester son caractère révélé, les musulmans soulignent que le Prophète ne savait ni lire ni écrire. Il a eu plusieurs secrétaires. L'un deux, Abdallah Ibn Saïd, transcrivait les Révélations sous la dictée mais, pris de doute, avait continué à écrire de lui-même, dans le style coranique, sans que le Prophète s'avisât de la supercherie ; esprit critique, il avait alors apostasié, puis s'était repenti. De nos jours, le romancier Salman Rushdie, auteur des *Versets sataniques* (1989), a été condamné à mort par une *fatwa* (avis juridique) de l'imam Khomeiny, comme apostat et blasphémateur, pour avoir écrit que Satan avait inspiré certains versets.

Rédigé en arabe dans une prose rythmée et rimée d'une grande beauté, le Coran a suscité de nombreuses écoles de lecture pour la récitation publique ; au IXe siècle, le nombre des « lectures » canoniques a été fixé à sept. Pour les musulmans, le Coran est « inimitable » et ils jugent sacrilèges les traductions, même si, avec le temps, ils ont fini par les tolérer. Particulièrement vénéré, il a donné lieu à un vif débat théologique : est-il « créé » ou « increé » ? La majorité des ulémas (savants religieux) a conclu que la Parole de Dieu ayant toujours existé, le Coran est « increé et éternel » et que seules les lettres qui le reproduisent sont « créées ». Des origines à nos jours, ce texte a donné lieu à de nombreux commentaires (*tafsîr*) dont les plus célèbres sont ceux de deux Iraniens, Tabarî, mort en 923, et Râzî, mort en 1210.

2. Le dogme et la pratique

Les dogmes – bases de la foi dans toutes les religions – disent aux fidèles ce qu'il faut croire ; en islam, ils sont simples et peu nombreux. La *charia*, « voie à suivre », ou Loi islamique, prescrit au croyant ce qu'il doit faire ou ne pas faire pour être un bon musulman [5].

Le dogme fondamental et absolu de l'islam est l'unicité de Dieu affirmée dans la formule : « Il n'y a de Dieu que Dieu et Mahomet est l'Envoyé de Dieu », qui est la profession de foi et l'acte de conversion. Le musulman doit ensuite croire aux prophètes chargés de révéler la religion et qui ont parfois le don de faire des miracles. Les principaux sont Adam, Noé, Abraham (*Ibrahim*), Moïse (*Moussa*), David (*Daoud*), Salomon (*Solimân*), Loth, Joseph (*Youssef*), Jonas, Elie (*Elias*), Jean (*Hanna*), Jésus (*'Issa*). Mahomet est le « Sceau des Prophètes », celui qui clôt la Révélation jusqu'à la fin des temps.

Il doit croire aux anges, créatures célestes faites de lumière, ayant des ailes mais pas de sexe. Tous glorifient Dieu, mais certains ont une fonction particulière : Gabriel (*Jibril*) transmet les ordres divins, Michel (*Mikhaïl*) surveille le monde, Azraïl est l'archange de la mort et Isrâfil sonnera la trompette du Jugement dernier. Satan (*Chaytân*) est un ange déchu parce qu'il a désobéi à Dieu.

Le musulman doit croire au Jugement dernier, abondamment décrit, entre autres, dans la sourate « la Narration », versets 62 à 68 (on écrit généralement : Coran, XXVIII, 62-68). En ce jour terrible, les créatures comparaîtront nues devant Dieu, ruisselantes de peur, chacune tenant le livre de compte de ses actions qui seront pesées sur une balance. Elles traverseront ensuite le pont (*sirât*) tranchant et fin comme un

---

5. Louis GARDET, *L'Islam, religion et communauté*, Desclée de Brouwer, 1982.

cheveu jeté entre le Paradis (*Janna*, jardin) et la Géhenne (*Nâr*, feu). Mahomet interviendra alors en faveur des pécheurs et seuls iront en enfer ceux qui sont condamnés au supplice de la fournaise éternelle. Le Paradis répond au rêve du bédouin : dans ce jardin où couleront des ruisseaux d'eau parfumée, des fleuves de lait, de miel et de vin, il pourra déguster des fruits succulents et disposer de *houris*, jeunes filles à la peau blanche et aux grands yeux noirs, perpétuellement vierges (Coran, LV, 46-77).

La Loi islamique est fondée sur le Coran, mais aussi sur la *sunna*, tradition du Prophète, composée de *hadith*, courts récits rapportant ses paroles, ses conseils, ses gestes, ses comportements en diverses circonstances, ses rapports avec les autres. Dans la multitude de *hadith* recueillis, il y en a évidemment de faux dont certains ont été forgés sciemment pour des raisons politiques ; c'est pourquoi les ulémas ont effectué un travail de recherche afin de déterminer si les rapporteurs étaient fiables. Il existe plusieurs recueils, mais le plus révéré et le plus consulté est le *Çahîh*, « l'Authentique » [6], du Persan El Bokhârî (810-870).

Pour les chrétiens, il y a *L'Imitation de Jésus-Christ*, pour les musulmans, la sunna est devenue « L'Imitation de Mahomet ». Ainsi, sachant que le Prophète aimait se parfumer, les croyants en feront autant, de même qu'ils appliqueront à la lettre ce *hadith* : « Lorsque l'un de vous se rend aux latrines, qu'il ne se touche pas la verge de la main droite et qu'il ne se torche pas de la main droite. » En outre, bien souvent, lorsqu'un *hadith* est plus rigoriste qu'un verset (par exemple, sur la boisson ou la représentation figurée en peinture), la *sunna* prévaudra sur le Coran. Au XXe siècle, le colonel Kadhafi de Libye est le seul dirigeant musulman à avoir

6. EL-BOKHÂRÎ, *L'Authentique Tradition musulmane*, Sindbad, 1983.

refusé de prendre la *sunna* comme source de la *charia*.

Troisième composante, le *fiqh* (d'une racine signifiant « connaître », « examiner ») ou droit musulman. Il est élaboré par des juristes-théologiens, *fuqahâ* (singulier, *faqih*), qui interprètent la façon dont il convient d'appliquer la loi dans la pratique. Le *fiqh* revêt une telle importance que l'on a pu dire qu'il caractérise l'islam bien mieux que sa théologie ou sa mystique.

L'islam classe les activités humaines en cinq catégories : l'autorisé, le recommandé, l'obligatoire, le détestable, l'interdit. Parallèlement, il établit la distinction entre les obligations du culte (*ibadât*), au nombre de cinq, appelées *arkân*, « piliers » (voir encadré page 28) et celles qui régissent la vie des humains en société (*muamalât*).

Les *muamalât*, relations entre les personnes privées, concernent principalement les délits et crimes, les contrats de droit privé et les interdits alimentaires. Ainsi, des sanctions légales immuables (*hudûd*) sont prévues par le Coran pour certains actes. A titre d'exemple, dans l'adultère (*zinâ*), à condition qu'il soit attesté par quatre témoins visuels, les deux coupables seront « flagellés chacun de cent coups » (Coran, XXIV, 2).

La lapidation pratiquée dans quelques pays comme l'Arabie Saoudite est un fait de société et n'est pas coranique. De même, « ceux qui accuseront d'adultère une femme vertueuse sans pouvoir produire quatre témoins seront punis de quatre-vingts coups de fouet » (Coran, XXIV, 4).

Les peines pour vol (*sariqa*) sont si sévères que, même au temps du Prophète, les Arabes hésitèrent à les appliquer. Elles prévoient, en effet, de « trancher la main des voleurs, homme ou femme » (Coran, V, 42). De nos jours, cette peine n'est appliquée que dans une minorité de pays musulmans et des *fuqahâ* ont même expliqué que si un homme volait pour se nourrir, c'est qu'il y était contraint par une société inéquitable.

Les cinq « piliers »

L'islam impose cinq obligations à tout musulman :

1. La profession de foi *chahâda* (témoignage) qui est aussi l'acte de conversion : « Il n'y a de Dieu que Dieu et Mahomet est l'Envoyé de Dieu » ;

2. La prière (*çalât*) : précédée des ablutions rituelles de purification, elle doit être dite à l'aube, à midi, l'après-midi, au coucher du soleil, le soir. Acte de louange, d'adoration et de fidélité à Dieu, elle doit être faite en direction de La Mecque par le croyant qui est tour à tour debout, incliné, prosterné. Un hadith précise : « La prière en assemblée est supérieure de vingt-cinq degrés à celle faite isolément. » Prier est prescrit le vendredi, jour du Seigneur (et souvent de congé) à la mosquée (*masjid*) ;

3. L'aumône (*zakat*) est une sorte d'impôt obligatoire payé par les riches et réparti entre les pauvres ; l'aumône spontanée (*çadaqa*) est recommandée ;

4. Le jeune (*çawm*) est obligatoire pour tout pubère pendant le mois de Ramadan, un des douze mois de l'année lunaire. De l'aube au coucher du soleil, il est interdit de manger, de boire, d'avoir des relations sexuelles, de fumer ;

5. Le pèlerinage (*hajj* ou *hadj*) : le musulman qui en a la force et les moyens doit, au moins une fois dans sa vie, se rendre à La Mecque du 7 au 13 du mois *Dhu al Hijja*, le dernier de l'année hégirienne (voir le rituel, page 20). Accomplir la *omra*, « petit pèlerinage », à d'autres périodes de l'année est recommandé. Le *hajj*, pèlerin homme, et la femme, *hajja*, de retour dans leur ville, sont particulièrement respectés.

Les prescriptions de droit privé portent sur les actes de la vie quotidienne. Parmi les plus importants figure le mariage, jugé « un devoir social » ; ce n'est pas un sacrement, comme chez les chrétiens, mais un contrat qui peut être rompu par la répudiation ou le divorce. La sourate IV, consacrée aux femmes, traite de l'héritage qui leur revient comme filles, puis comme épouses : une des principales innovations de l'islam, car auparavant elles n'avaient droit à rien (se reporter au chapitre sur la femme).

Dans le domaine des interdits alimentaires, on est ici plus proche du judaïsme que du christianisme. Ce dernier a libéré la boisson et la nourriture du carcan de la loi (sauf pendant le carême), faisant du vin le symbole du sang qui n'est plus impur et illicite, comme chez les juifs et les musulmans, ou à un degré infiniment moindre. Le Coran interdit de consommer principalement le porc, les animaux qui n'ont pas été préalablement saignés (Coran, V, 3 et VI, 138-148), les chairs mortes, les bêtes étouffées. Pour ce qui est du vin et des boissons fermentées, le Coran les déconseille, les réprouve même, sans édicter aucune peine légale pour leur consommation. En revanche, les *fuqahâ*, plus sévères, ont prévu d'infliger quatre-vingts coups de fouet à ceux qui absorbent des boissons alcoolisées, mais ce châtiment est rarement appliqué.

3. L'orthodoxie et les schismes

L'islam se répartit en plusieurs « familles d'esprit » depuis les schismes survenus en 37/657 [7]. Toutefois, tous les musulmans croient au même Dieu, doté de 99 attributs (Miséricordieux, Omniscient, Tout-puissant, etc.), s'efforcent d'imiter le Prophète, récitent les mêmes prières, accomplissent les mêmes rites. Leurs divergences portent essentiellement sur la façon de concevoir le pouvoir spirituel et le temporel, et sur la relation du croyant au Coran. Pour saisir ces différences, il faut remonter à Ali, cousin et gendre de Mahomet.

Ses partisans, « les légitimistes de l'islam », selon l'expression de l'orientaliste Louis Massignon [8], estimaient que la succession revenait de droit à un membre de la famille du Prophète et qu'il aurait donc dû être le premier calife. A la mort d'Othman, ils le portent au pouvoir mais deux clans se dressent contre lui. Le premier est celui de l'ambitieuse Aïcha qui lui voue, de longue date, une haine solide. Un jour, pour satisfaire un besoin pressant, l'épouse « bien-aimée » du Prophète s'était éloignée de la caravane, repartie sans elle et sans que personne s'en avisât. Ali avait été de ceux qui avaient mis en doute sa vertu après qu'un jeune berger l'eut ramenée le lendemain. Elle ne le lui avait pas pardonné. Peu après, son époux, que cet incident avait troublé, avait eu les révélations sur l'adultère.

Le second est celui de Moawiya, gouverneur de Damas et chef du clan omeyyade. Comme Othman, il aspire au califat. Il fonde ses prétentions sur son origine aristocratique et sur un conseil du défunt qui avait recommandé de choisir le plus digne. La guerre civile éclate. Vainqueur, en 656, de la « ba-

7. 37 indique l'année hégirienne et 657 celle de l'ère chrétienne.
8. Né en 1883, mort en 1962, il est l'auteur d'importants travaux sur la mystique musulmane.

taille du chameau » – celui monté par Aïcha – Ali, magnanime, renvoie la veuve à Médine et retourne à Koufa, dans le sud de l'Irak. L'année suivante, Moawiya attaque à Siffin, sur la rive droite de l'Euphrate, en recourant à une ruse : ses troupes arborent des fragments du Coran à la pointe de leur lance, signifiant ainsi qu'ils en appelent au Livre pour trancher le différend. Voyant ses soldats déconcertés, Ali, contre l'avis d'une faction de ses partisans, accepte l'arbitrage, qui tourne en sa défaveur.

Les mécontents lui reprochent sa faiblesse, l'abandonnent et forment la secte des *kharijites*, « ceux qui sont sortis » (du verbe *kharaja*, sortir). Ce sont les « Puritains de l'islam ». Ceux qui restent fidèles au quatrième calife prennent le nom de *chi'at Ali*, la secte d'Ali, ou chiites, les « légitimistes » par opposition aux sunnites (de *sunna*) qui affirment avoir respecté la tradition du Prophète. Toutefois, les doctrines de ces trois groupes mettront deux à trois siècles pour s'élaborer et d'autres schismes seront consommés au fil du temps [9].

C'est plus en vertu du nombre (aujourd'hui près de 90 % de la communauté) que d'un principe théologique, que les sunnites soutiennent représenter l'orthodoxie. Ce n'est d'ailleurs qu'à la fin du IIe siècle de l'hégire (VIIIe de l'ère chrétienne) qu'ils s'appelèrent « gens de la communauté et de la tradition » (*Ahl al jamâ'a wal sunna*). De nos jours, une nouvelle école d'islamologues réhabilite l'orthodoxie du chiisme et déplore la primauté accordée à l'écrit sur la tradition orale. Par opposition à l'idéal *kharijite* et surtout chiite, utopiste, passionné et assez mystique, le sunnite se veut réaliste, raisonnable, inséré dans l'histoire ; il fait pleinement sien ce verset : « Nous avons fait de vous une communauté du juste milieu. »

---

9. Henri LAOUST, *Les Schismes dans l'islam*, Payot, 1983.

Dans l'exégèse du Coran, il se garde d'en rechercher le sens caché (*bâtin*), contrairement aux soufis et même aux chiites. Plus que ces derniers, il accorde une place majeure au *fiqh* qui lui indique non pas ce qu'il doit croire, mais la façon dont il doit croire. Les fondements de la Loi – Coran et *sunna* – étant intangibles, le *fiqh* est un « code de vie », un rite. Prudence et rituel ne signifient pas pusillanimité : lorsque la foi est menacée, le sunnite témoigne au péril de sa vie et devient un *chahîd*, un martyr, promis au Paradis. Les sunnites n'ont ni sacrement ni clergé ; cependant, ils ont éprouvé le besoin de disposer d'un « catéchisme » pour préciser la manière d'appliquer le rite (*madhab*). Quatre grandes écoles juridiques ont donc vu le jour entre le VIIe et le IXe siècle et se partagent la terre d'islam jusqu'à ce jour.

L'***Ecole hanafite***, du nom de Abou Hanîfa (mort en 150/767), Iranien né en Irak, détient avec le *chaféisme* les faveurs des musulmans non arabophones (Turcs, Afghans, Pakistanais, Indiens, Chinois). C'est le rite le plus ouvert, le moins contraignant. Il laisse du champ au *rai'y* (jugement personnel) et à l'*ijtihad* (effort de recherche personnel) mais, au fil des siècles, le *taqlid* (imitation servile) l'a emporté sur l'*ijtihad*.

L'***Ecole malékite***, fondée par Mâlik ibn Annas (mort en 179/795) originaire de Médine, fleurit principalement en Afrique (Haute-Egypte, Maghreb, Afrique noire). Elle fait confiance au consensus des savants (*ijma'*) et surtout accorde une large place à la coutume (*'ourf*) et aux pratiques locales imprégnées de superstitions. Elle insiste également sur la *maslaha*, principe d'utilité publique.

L'***Ecole chaféite*** est inspirée par l'imâm Chaféi (mort au Caire en 204/820) de la tribu de Qoraïch. Seconde par le nombre de ses adeptes, elle domine en Basse-Egypte, dans une partie du Héjaz (Arabie), en Afrique orientale, en Indonésie, en Malaisie, dans certaines communautés de l'Inde, de la

Thaïlande, du Viêt-Nam et des Philippines. Elle valorise la *sunna* comme source de droit ; avec le temps, le consensus (*ijma'*) des savants l'a emporté sur celui de la communauté.

L'***Ecole hanbalite***, contrairement aux précédentes, ne se recommande pas d'un grand juriste (*mujtahîd*). Son chef, Ahmad Ibn Hanbal (mort en 241/855), formé à Bagdad, est un strict traditionaliste qui privilégie l'unité de l'islam et les valeurs morales par rapport aux solutions juridiques. Rite rigoriste et piétiste, il est presque exclusivement pratiqué, à notre époque, en Arabie Saoudite sous la forme du *wahabisme*, réforme du hanbalisme élaborée au XVIIIe siècle par Mohamed Abdel Wahab.

Le **chiisme** [10] est une « religion de la passion et du mystère », selon la formule d'André Miquel. En effet, alors que Moawiya, fondateur de la dynastie omeyyade (661-750), est proclamé calife à Damas, Ali est assassiné, en 661, par un kharijite, à la mosquée de Koufa, et enterré à Nejef. Les chiites reportent leurs espoirs sur son fils Hassan ; il est tué en 680. Son frère Hussein se heurte, la même année, au nouveau maître de la Syrie, Yazid, fils de Moawiya : il est atrocement massacré avec ses compagnons et des membres de sa famille près de Kerbela, en Irak. Ce destin tragique des Alides, symbole du juste et du faible opprimé par le tyran, a fait du chiisme un mouvement à la fois contestataire et souffrant qui exalte le martyre.

Ses adeptes adoptent le drapeau noir et pleurent leurs morts à Nejef et à Kerbela, leurs villes saintes. Pour eux, seul un Alide peut être un successeur du Prophète, c'est pourquoi ils contestent les trois premiers califes. A la notion de califat, ils substituent d'ailleurs celle de l'*imamat* incarné par l'*Imâm* (avec une majuscule) ; il ne faut pas le confondre avec

10. Yann RICHARD, *L'islam chiite*, Fayard, 1991.

l'imam, de *amâma* (« devant »), qui, à la mosquée, se place en tête des fidèles pour diriger la prière. Les Imâms, tous descendants d'Ali par Fâtima sont des guides « infaillibles et impeccables » auxquels on doit obéissance. Ils sont dépositaires du « sens caché » des versets du Coran confié par Mahomet à Ali, d'après la tradition chiite. Une formule de l'islamologue Henry Corbin résume parfaitement leur rôle : « Le Coran est l'Imâm muet, l'Imâm est le Coran parlant. [11] »

Alors que le **sunnisme** est une « église » de consensus (*ijma'*), le chiisme est une « église d'autorité » pour ses fidèles ; une de ses branches, celle des imamites, est structurée autour d'une hiérarchie religieuse qui s'apparente à un clergé. Minoritaires (environ 10 % des musulmans), les chiites sont traditionnellement méprisés et souvent maltraités par les sunnites. Voilà pourquoi un chiite qui se sent menacé est autorisé à pratiquer la *taqiyya* ou le *ketmân*, la restriction mentale, et à dissimuler sa foi sous les apparences de l'orthodoxie.

Le chiisme se partage en de nombreuses branches (voir tableau) dont les deux principales sont l'*imamisme* et l'*ismaélisme*. Les imamites, appelés aussi chiites *duodécimains*, croient que la lignée des Imâms s'est interrompue au douzième, Mohamed al Mahdi, qui a été occulté en 878 ; cet « Imâm caché », et néanmoins présent dans le cœur des fidèles, reviendra à la fin des temps pour inaugurer le règne de Dieu sur terre. Les *ismaéliens* sont d'accord avec les imamites jusqu'au sixième Imâm, Ja'far, mais pas sur sa descendance : à Moussa, septième Imâm des duodécimains, ils préfèrent un autre fils, Ismaïl, occulté en 145/762, d'où aussi leur nom de septimamiens. Enfin, pour les chiites, la Révélation n'est pas close avec Mahomet, simple maillon dans la chaîne des pro-

11. *Le Monde*, 10-11 octobre 1971, et *L'Islam dans le monde*, Le Monde-Editions, 2e éd., 1991.

phètes. Ils attendent l'arrivée du *Mahdi*, l'« Inspiré de Dieu », qui sera le plus parfait et le dernier des prophètes.

Le **kharijisme** s'est caractérisé, pendant les premiers siècles, par son intransigeance doctrinale et par son fanatisme ; les kharijites n'hésitèrent pas à assassiner ceux qui n'étaient pas d'accord avec eux. Ils condamnent le principe de l'hérédité et n'admettent qu'un califat électif : le calife doit être le plus juste, le plus intègre, le plus pieux, « fût-il un esclave abyssin », donc noir, car tous les croyants sont égaux devant Dieu. Ils font également preuve d'un rigorisme moral extrême. Au cours des premiers siècles, les kharijites ont étendu leur influence jusqu'au Maghreb où ils fondèrent l'émirat de Tahert (160/776-296/908). Les deux tendances les plus radicales, celles des *azraqites* et des *sofrites,* ont même menacé le calife par la rapidité légendaire de leur cavalerie et leurs attaques foudroyantes contre les bastions de l'empire. Le kharijisme fut éliminé, en particulier au Maghreb, par le chiisme, éradiqué à son tour par le sunnisme. Seule survit la branche modérée des ibadites. On trouve ces derniers à Oman où la monarchie est devenue héréditaire, dans le Djebel Nefoussa, en Libye, dans l'île de Djerba, en Tunisie, et au M'Zab, dans le sud algérien

4. Le soufisme et les confréries

Parallèlement à l'islam officiel, légaliste et formaliste surtout chez les sunnites, s'est développé un « autre » islam, un islam populaire qui a établi entre l'homme et Dieu des relations plus affectives [12]. C'est l'islam du ***soufisme*** (mysticisme) et des *soufis* (de l'arabe, *souf*, la laine dont était tissée leur modeste robe, ou, selon d'autres, de *safâ*, la pureté) et des confréries, les *turuq* (singulier : *tarîqa*).

L'histoire du soufisme se divise en trois périodes. La première est celle des soufis solitaires ; elle aurait commencé avec Uways Qarani (Veis de Qaran, mort en 22/642 ou 37/657), compagnon du Prophète, et Râbi'a Adawiya (morte en 135/752). La seconde, celle du soufisme collectif, voit les adeptes se réunir, à partir du IIe-IXe siècle, dans des *khânaqâh*, des maisons où l'on fait retraite. Ce n'est qu'à partir du VIIe-XIIe siècle qu'apparaissent les grandes confréries [13], installées dans des couvents portant des noms différents selon les régions : *ibât, zâwiya, khalwa, tekke,* ou encore *khânaqâh.* Il existe des confréries féminines et il y a aussi des confréries militaires de moines-soldats, notamment celle des Almoravides ou *Mourabitoun.*

On retrouve dans le soufisme des influences persanes, hindoues, grecques, juives et chrétiennes. Considéré comme *cheikh al akbar*, « le plus grand maître », l'Andalou Ibn Arabi (560/1165-638/1240) a ainsi pu écrire : « Mon cœur est le cloître du moine chrétien, un temple pour les idoles, la Kaaba de La Mecque pour le pèlerin, les Tables de la Loi mosaïque, le Coran ; Amour est mon credo. » Quant au soufi, « amant en quête de son Bien-Aimé » (Dieu), il en parle en des termes

12. Eva de VITRAY-MEYEROVITCH, *Anthologie du soufisme*, Sindbad, 1986.
13. Alexandre POPOVIC, Gilles VEINSTEIN, *Les Ordres mystiques dans l'islam, cheminements et situations actuelles*, Ed. EHESS, 1986.

poétiques qui scandalisent les docteurs de la Loi, sunnites et chiites. Ainsi, Al-Hallaj s'écrie-t-il : « Je suis Dieu Vérité. Nous sommes deux confondus en un seul corps. » Jugés hérétiques, les premiers soufis ont souvent été mis à mort ; Hallaj a été condamné à être mutilé (le sexe tranché), crucifié, décapité et brulé à Bagdad, en 983, puis ses cendres ont été répandues dans le Tigre.

Pour les soufis, la déduction est source d'égarement. Seules l'illumination (*ishrâq*) et la vision (*shuhûd*) permettent de parvenir à la Connaissance mystique (*ma'rifa*) et d'atteindre la Vérité (*haqîqa*). Les membres d'une confrérie doivent obéir à un maître, un guide (*cheikh, murchid, pîr, baba*), relié au fondateur par une chaîne de filiation spirituelle (*silsila*). C'est lui qui leur apprendra, par une série d'exercices comme le *dhikr* (récitation de litanies), le *samâ* (danse mystique), les mortifications par le fer, le feu, la flagellation, à parcourir les différentes étapes de l'« itinéraire spirituel » qui les conduira à l'Extase, à l'union avec Dieu.

En dépit des docteurs de la Loi orthodoxe, les confréries sont devenues des faits de société : de l'Afrique à l'Indonésie en passant par le Proche-Orient et l'Asie centrale, elles sont fort nombreuses et bien enracinées. Dès la formation des premiers ordres, elles ont pris leur dénomination du nom du mystique fondateur : la Qâdiriyya, de Abd al-Qâdir Djîlâni (mort en 1166), la Rifâ'iyya, d'Ahmad Ibn Rifâi (mort en 1182), la Mawlaniyya, de Djalâl ad-Dîn Rûmi, appelé Mawlana, mort en 1273 à Konya, centre des « derviches-tourneurs », etc. Un renouveau s'est produit au XIXe siècle avec la naissance de confréries, en particulier en Afrique. Spirituelles dans leur principe, elles peuvent parfois être aussi des puissances financières et temporelles, telle celle des Mourides au Sénégal.

Généalogie de Mahomet et de la famille Alide

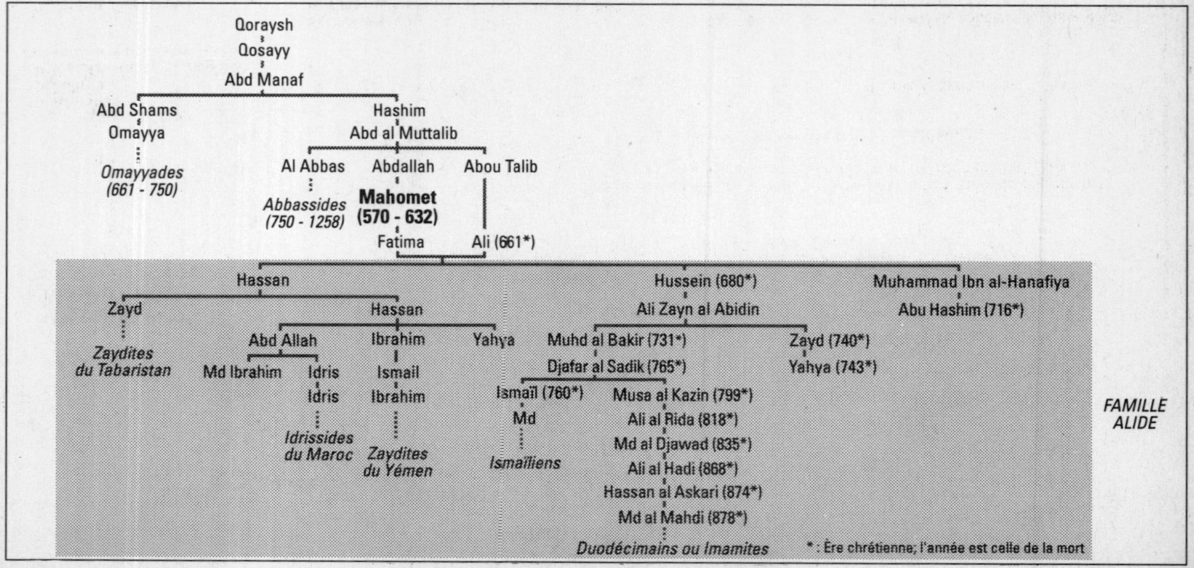

* Ere chrétienne ; l'année est celle de la mort.

Grands courants musulmans

• SUNNITES Gens de la tradition (sunna), les Sunnites forment 85 à 90% des musulmans dans le monde.

Ils sont répartis en 4 écoles juridiques ou rites:
- **Malékite** (Maghreb, Afrique noire, Haute-Égypte),
- **Chaféite** (Basse-Égypte, côtes de l'Océan Indien, Insulinde),
- **Hanéfite** (monde turc),
- **Hanbalite** (Arabie saoudite, Qatar).

En 661, Fitna ou "grande rupture" de la communauté unie depuis 622. Schisme des partisans d'Ali (Alides) qui se divisent

• KHARIJITES

"Ceux qui sont sortis"

- ○ **Azrakites**
- ○ **Suffrites**
- ● **Ibadites** (Oman et Maghreb)

• CHIITES

- ● **Imanites**, ou duodécimains, attendent le retour du 12e Imâm occulté en 874 (Iran, Irak, Liban, Pakistan, Afghanistan, Inde, Turquie et pays de l'ex-URSS)
  - ● **Zaydites**, VIIIe s. (Yémen)
  - ● **Nusayris** ou **Alaouites**, IXe s. (Syrie)
  - ○ **Babis**, XIXe s. (Iran) puis
  - ● **Bahaïs** (Iran et monde entier)
- ● **Ismaéliens**, ou septimamiens, attendent le retour de leur septième Imâm, Ismaïl, occulté en 760 (Inde, Pakistan, Afghanistan...)
  - ○ **Qarmates**, Xe s.
  - ○ **Fatimides** (909 - 1171)
    - ● **Druzes** (Syrie, Liban, Palestine, Israël)
    - ● **Nizarides**, appelés les 'Assassins' au Moyen-Age. Ont pour chef l'Aga-Khan (Syrie, Iran, Inde, Pakistan, Afrique de l'Est)

○ Courants disparus

● Courants existant toujours

CHAPITRE II

Islam et civilisation

Si l'islam est une religion, il est aussi une civilisation. Selon la formule des trois « D », Dîn, Duniya wa Dawla, « Religion, Monde, Etat », il est à la fois Loi, morale, style de vie, culture.

En un siècle – 632-732 – les musulmans édifient le plus vaste empire depuis Alexandre le Grand puisqu'il s'étend des Pyrénées à l'Indus. Alors que le siège du califat se déplace de Médine à Damas, puis à Bagdad, l'empire connaît son âge d'or dans tous les domaines.

Ensuite, malgré le déclin des sciences et un « empire éclaté », une deuxième vague où dominent commerçants et missionnaires porte l'islam jusqu'à l'Indonésie, à l'est, et à l'Afrique noire, à l'ouest.

Comment expliquer ce double mouvement d'expansion religieuse et de déclin culturel en attendant la Nahda *(Renaissance), au* XIX*e siècle ?*

1. La première expansion

Avant d'aborder la fulgurante épopée de l'islam, il convient de clarifier la terminologie. On trouve, selon les auteurs, les expressions « civilisation arabe », « civilisation musulmane » ou « arabo-musulmane ». Laquelle est la bonne ? Nombre d'orientalistes utilisent la première formule ; dans son livre, *Ce que la culture doit aux Arabes d'Espagne* [1], Juan Vernet la justifie ainsi : « Le monde arabe ne renvoie, pour moi, ni à une ethnie ni à une religion mais à une langue, celle qu'employèrent des Arabes, des Perses, des Turcs, des Juifs, des Espagnols (on pourrait ajouter les Berbères) au Moyen Age et qui fit office de vecteur dans la retransmission des savoirs les plus divers de l'Antiquité – classique et orientale – au monde musulman. De l'arabe, ils passèrent à l'Occident grâce aux traductions en latin et en langues romanes et débouchèrent sur le majestueux déploiement scientifique de la Renaissance. »

Cependant, si l'écriture arabe est conservée en Iran, l'usage de cette langue est abandonnée par les écrivains et les savants lorsque le poète Firdoussi (930-1020) réhabilite le passé de la Perse et le persan dans son *Livre des Rois*. A partir du XVIe siècle, les Ottomans imposent le turc dans leur empire et des arts d'inspiration islamique s'épanouissent dans nombre de pays non arabisés. C'est pourquoi les musulmans, en général, et des spécialistes occidentaux préfèrent l'expression « civilisation musulmane » ou à la rigueur « arabo-musulmane » qui rappelle l'apport du Coran, révélé en arabe, comme on l'a vu. Précisons enfin que, si l'islam a vu le jour sur une terre désertique, c'est dans les villes, et grâce aux élites citadines, qu'il s'est répandu sur le double plan de la foi et de la culture [2].

---

1. Editions Sindbad, 1985.

Un siècle après la mort de Mahomet, en 732, la bataille de Poitiers donne un coup d'arrêt, à l'ouest, à la foudroyante progression des cavaliers musulmans. Leur empire s'étend alors du Tage à l'Indus, de l'Atlantique à la mer d'Aral, du Sahara aux Pyrénées. Cette conquête, *fath*, commencée par Omar et poursuivie par Othman a été parachevée par la dynastie omeyyade (661-750) qui a transféré le siège du califat de Médine à Damas. Elle est jalonnée par de célèbres batailles couronnées de victoires stratégiques qui entraînent la chute d'empires et de royaumes.

A l'ouest, en 636, l'affrontement sur la rivière Yarmouk (voir encadré page 44) avait sonné le glas de la domination byzantine sur la Syrie et ouvert la voie vers l'Afrique. Le général Amr, après avoir traversé l'isthme de Suez, en 639, s'emparait de l'Egypte, premier Etat-nation du monde et, en 643, fondait Fostat qui deviendra par la suite Le Caire. Par deux fois, les Arabes ont tenté, en vain, de frapper Byzance au cœur. Il reviendra aux Turcs de s'emparer, en 1453, de l'orgueilleuse Constantinople. Cet échec n'empêcha pas Okba ben Nafi de conquérir le Maghreb (« Occident », en arabe) malgré la résistance, dans un premier temps, de la population berbère. Contrairement à tous les conquérants, il ne vint pas par la mer mais traversa le désert et suivit les hauts-plateaux ; en Tunisie, il fonda Kairouan, première ville sainte du Maghreb, en 670 ; fonça vers l'Atlantique, revint sur ses pas et succomba sous les coups du chef berbère Kosayla, près de Biskra, dans le sud de l'Algérie, en 683. Un des successeurs confia fort habilement l'expédition d'Espagne au Berbère Tarik ben Ziyad qui franchit à la tête de ses troupes, en 711, le détroit de Gibraltar, altération de *Jebel Tarik*, la « Montagne de Tarik ». A partir de l'Andalousie, les forces arabo-berbères

---

2. André MIQUEL, *L'Islam et sa civilisation, VIIe-XXe siècle*, Armand Colin, 1990.

La bataille de Yarmouk

« Le nombre de musulmans fut porté à 36 000 hommes. Le général Khalid s'établit près de la rivière Yarmouk [...]. Héraclius, roi des Roumis (les chrétiens de l'Empire romain d'Orient), marcha contre lui avec 250 000 hommes. Le jour de la rencontre [...], Khalid ordonna aux lecteurs du Coran de son armée de réciter le sourate *Al Anfâl*. La bataille s'engagea [...]. Djaradja, général d'Héraclius, sortit des rangs et s'écria : "Où est Khalid ?" Il lui demanda : "En quoi consiste votre religion ?" Khalid lui en exposa les dogmes et Djaradja se convertit aussitôt à l'islam. Cette désertion brisa le courage des Roumis. Khalid se jetta sur eux avec toutes ses troupes et les Romains se mirent à fuir. Les musulmans les taillèrent en pièces [...] ; 120 000 ennemis trouvèrent la mort. Les musulmans eurent 3 000 tués. Khalid envahit le camp des Romains. On y trouva 30 000 tentures de brocart de Roum. Cette victoire eut lieu le samedi 28 du mois de djoumada premier de l'an 13 h. »

(TABARI, *Chroniques*)

gagnèrent le nord puis remontèrent vers la Loire. Vaincues près de Poitiers, elles refluèrent en Espagne. Les musulmans firent de cette contrée, et plus particulièrement de l'Andalousie, un joyau. Ils seront progressivement refoulés par la Reconquista des rois catholiques qui commença au milieu du

VIIIe siècle et s'acheva par la prise de Grenade, en 1492.

D'après les historiens, après Yarmouk et Qadissiya, ville de l'Irak sassanide (voir page 46), les effectifs engagés par les musulmans oscillaient entre 5 000 et 20 000 hommes, selon l'importance des batailles. Comment expliquer, dès lors, la rapidité et la relative facilité de leur conquête ? Au Ve siècle, la mise à sac de Rome par les Barbares avait plongé l'Occident chrétien dans l'« âge des ténèbres » jusqu'à l'an mil. Quant aux chrétiens d'Orient, ils étaient divisés par la rivalité entre Alexandrie et Constantinople et déchirés par des schismes. Le plus important fut l'arianisme [3], condamné au IVe siècle par le Concile de Nicée, parce qu'il niait les trois personnes de la Sainte Trinité (Père, Fils, Saint-Esprit) et, par conséquent, la nature divine du Christ. Au Ve siècle, le monophysisme [4] refusa d'admettre la double nature divine et humaine de Jésus. Enfin, les chrétiens égyptiens et berbères supportaient mal le joug de Byzance (Constantinople) la grecque.

Ces querelles byzantines ne pouvaient que troubler les chrétiens. Dès lors, bien des esprits étaient mûrs pour accueillir un nouveau message : celui de l'islam était simple et tenait dans l'affirmation claire et nette de l'unicité de Dieu. Cette religion se présentait non comme une rupture avec le judaïsme et le christianisme mais comme leur épanouissement ; enfin, elle apparut comme libératrice à plusieurs peuples soumis aux Byzantins. En terre chrétienne, le Coran a joué un rôle aussi important que le sabre dans la conquête des terres et des âmes [5].

---

3. Doctrine prêchée par Arius (256-336), prêtre d'Alexandrie.
4. Prêchée par Eutychès (378-454), prêtre de Constantinople soutenu par le patriarche d'Alexandrie, cette doctrine a été adoptée par les églises syrienne, arménienne, copte et éthiopienne.
5. Alain BRISSAUD, *Islam et chrétienté. Treize siècles de cohabitation*, Robert Laffont, 1991.

A l'est, la percée n'a pas été moins impressionnante. En 637, la victoire de Qadissiya (dont la symbolique a été fort sollicitée dans la guerre Irak-Iran de 1980-1988) a fait sauter le verrou de la Perse et a permis la marche vers le Caucase et l'Inde. Elle avait couronné une série de batailles déclenchées en 633 par le général Khalid Ibn Walid contre les tribus arabes de Mésopotamie qui collaboraient avec les Perses. Ayant conclu un traité avec l'ennemi, le général remonta en Syrie où il l'emporta à Yarmouk. Toutefois, dès 635, les combats reprirent dans le sud parce que des tribus arabes avaient violé la trêve.

En 637 donc, le général Saad, fils d'un compagnon du Prophète, est à la tête de 30 000 volontaires du sud et du centre de l'Arabie, soutenus par des combattants à cheval et à dos de dromadaires. En face, l'armée perse, dirigée par le général Rostom, comprend 120 000 hommes – dont la moitié de cavaliers – protégés par le redoutable corps des éléphants, les chars de l'époque. La bataille fut si terrible qu'on l'appela « la nuit du grondement ». Contre toute attente, les musulmans mirent en déroute les Perses zoroastriens et les Arabes polythéistes. En 1980, le président irakien Saddam Hussein présenta cette victoire comme celle des Arabes contre les Perses et baptisa son attaque contre l'Iran « Deuxième Qadissiya » ou encore « Qadissiya de Saddam » ; à Téhéran, l'ayatollah Khomeiny le traita d'athée et de « petit Satan ». Il récupéra à son profit la symbolique de cet affrontement en expliquant qu'il avait marqué, en réalité, la défaite des Infidèles devant les Croyants [6]. Cette polémique illustre le vieux combat idéologique entre arabisme et islamisme.

En 711, les forces musulmanes campent sur les bords de l'Indus : l'année même de la traversée de Gibraltar ! A l'est

---

6. Paul BALTA, *Irak-Iran, une guerre de cinq mille ans,* Anthropos-Economica, 2e éd., 1989.

comme à l'ouest, l'Islam ranime des sites et crée des villes – plus de cent – qui deviennent des foyers de culture. Citons, entre autres, en plus de Fostat et de Kairouan déjà nommées, Damas, Tunis, Fès, Cordoue, Bassorah, Ispahan, Boukhara, Samarcande, Delhi… Ces villes, qui sont aussi des relais du pouvoir central, vont permettre au califat (voir encadré page 48) de Damas, puis à celui de Bagdad, de mettre en place les rouages de l'Etat : gouverneurs de provinces, armée de métier remplaçant le volontariat déficient des tribus, fisc, douanes, monnaie avec le dinar et le dirham (en 705) qui détrônent le denier et la drachme, poste (*bârîd*).

La dynastie omeyyade fut purement arabe. Sous son règne, pour la première et la dernière fois en Islam, les Arabes dominèrent l'empire. Malgré le principe de l'universalisme de l'islam, la suprématie de la langue arabe et des Arabes fut affirmée. Les califes préférèrent souvent confier des missions à un chrétien arabe plutôt qu'à un converti qui ne l'était pas. Les Arabes chrétiens furent d'ailleurs leurs meilleurs alliés lors de la conquête du Croissant fertile (Syrie, Palestine, Irak) face aux Byzantins et aux Sassanides. En 638, Sophrone, patriarche de Jérusalem, négocia la reddition de la ville tandis que Sarjoun remettait aux musulmans les clefs de Damas : son petit-fils, saint Jean Damascène (mort en 749), docteur de l'Eglise, fut ministre des Finances et des *mouqatila*, « combattants ».

Pourtant, théoriquement, la *dhimma* (statut de protection des adeptes d'une religion révélée) interdisait de confier des fonctions politiques et militaires aux *dhimmis* (sujets protégés) : s'ils étaient autorisés à pratiquer leur religion et dépendaient de tribunaux constitués par le patriarche, ils devaient, en contrepartie, payer deux impôts, la *djizya* et le *kharâj*. Par la suite, selon les époques et les califes, les *dhimmis* ont été victimes de brimades et de lois discriminatoires : obligation,

Le califat : un système politico-religieux

Le Groupe islamique armé d'Algérie (GIA) a annoncé, vendredi 26 août 1994, la formation d'un « gouvernement du califat » dirigé par son chef, Chérif Gousmi *, 26 ans, dit « Abou Abdallah Ahmed, calife, commandeur des croyants ». Les islamistes algériens avaient, à maintes reprises, proclamé leur intention de rétablir le califat, aboli en mars 1924 par Mustapha Kemal Atatürk, fondateur de la Turquie moderne, après l'effondrement de l'Empire ottoman, en 1918.

Système politico-religieux, ce califat régit, en principe, l'ensemble de la communauté musulmane. Il existe une théorie et une théologie du califat. Le calife, représentant du Prophète, est dépositaire de la Loi islamique (*charia*).

L'histoire arabo-musulmane a été marquée par plusieurs califats : celui de l'Orient qui eut son siège à Médine avant d'être transporté à Damas, en 661, par les Omeyyades, à Bagdad par les Abbassides (750-1258), puis au Caire par les Mamelouks (1261-1517) ; le califat omeyyade de Cordoue (929-1103) fondé par Abderrahman III ; le califat fatimide (chiite) d'Afrique du Nord puis d'Egypte (909-1271) ; le califat ottoman (1517-1924) qui prit la suite du califat abbasside.

Le Monde, 28-29 août 1994

* Tué peu après (note de l'auteur).

notamment, de laisser la préséance aux musulmans, de porter un vêtement différent, de ne pas construire de clochers plus élevés que les minarets…

Quant aux nouveaux convertis, *mawâli*, tenus pour des musulmans de seconde zone, il leur fallait se trouver des protecteurs parmi les tribus arabes. Les premiers califes omeyyades avaient d'ailleurs découragé les conversions en masse parce qu'elles réduisaient les revenus du Trésor. Au Maghreb, quand ils voulurent lever un impôt sur les Berbères islamisés, ces derniers se révoltèrent, refusèrent de reconnaître l'autorité des califes sunnites de Damas puis de Bagdad et embrassèrent le kharijisme, au VIIIe siècle, puis le chiisme, de 908 à 1171.

En 750, au *Machrek* (Orient), les Abbassides – arrière-petits-fils d'Abbas, oncle de Mahomet – prirent leur revanche. Ils massacrèrent la famille des Omeyyades dont un seul prince, Abdel Rahman, réussit à s'enfuir et à se cacher avant de s'installer, cinq ans plus tard, à Cordoue, en Andalousie. Ils fondèrent une nouvelle dynastie qui régna jusqu'au déferlement des Mongols, en 1258. Ils édifièrent Bagdad, siège du califat et capitale de l'empire, un empire devenu cosmopolite car il rassemblait un nombre croissant de peuples non arabes ; l'influence des Persans y était considérable.

Deux des plus célèbres des trente-six califes abbassides furent Haroun al-Rachid (766-809) qui échangea des ambassades avec Charlemagne, et Al-Maa'moun (813-833) qui fonda à Bagdad la Maison de la Sagesse, première Académie des Sciences. Les Persans, en particulier la famille des Barmécides, fournirent plusieurs vizirs (ministres) et contribuèrent aux fastes de la Cour que l'on retrouve dans les contes des *Mille et une Nuits*.

Jusqu'à la fin du XIe siècle, la civilisation arabo-musulmane connaît son âge d'or. Il n'empêche que, progressivement, l'unité est battue en brèche sur le plan politique tandis que le dogme est contesté par de multiples schismes : le Xe siècle aura été celui de l'expansion chiite dans ses diverses variantes (voir carte ci-contre). L'empire cosmopolite ne tardera pas à éclater. L'Omeyyade rescapé fonde à Cordoue un brillant califat autonome (756-1051). Le Caire devient une capitale rivale de Bagdad : les Toulounides y règnent (868-905), suivis des Fatimides (969-1171) – chiites que renverseront les Ayyoubides (1171-1250). Le fondateur de cette dynastie, le Kurde Saladin (Salah ed-Din Ibn Ayyoub), restaura le sunnisme et fut le chevaleresque adversaire de Richard Cœur de Lion, chef d'une des huit croisades dont les assauts s'étalèrent de 1095 à 1270.

Quant aux Turcs, ils commencent à s'affirmer au milieu du Xe siècle et gouvernent, à l'instar des princes afghans et persans, des sultanats et des émirats qui affaiblissent le pouvoir central.

Le Maghreb aussi a ses dynasties. Une des plus prestigieuses est celle des Aghlabides (800-909) qui domine l'Ifriqiya (l'*Africa* des Romains correspondant à la Tripolitaine et à la Tunisie), avant de céder la place aux Fatimides qui, comme on vient de le voir, conquièrent l'Egypte et y fonderont Le Caire et la mosquée Al Azhar (972), première université du Moyen Age.

Au Maroc (en arabe *Maghreb el Aqça*, « extrême-Occident »), deux dynasties berbères marquent profondément la région. Les Almoravides (1050-1147), venus du désert mauritanien, sont une dynastie de « moines-soldats », fondateurs de *ribat* (forteresses) : ils amorcent la pénétration en Afrique noire, remontent vers le nord, fondent Marrakech, récupèrent les territoires perdus en Espagne et instaurent le sunnisme de rite malékite. Ils sont balayés par les Almohades (1147-1269), originaires du nord du Maroc, qui réalisent pour la première fois (depuis Massinissa, puis les Romains), l'unité du Grand Maghreb, unité qui ne leur survivra pas. Il

Le monde islamique jusqu'au XVIe siècle

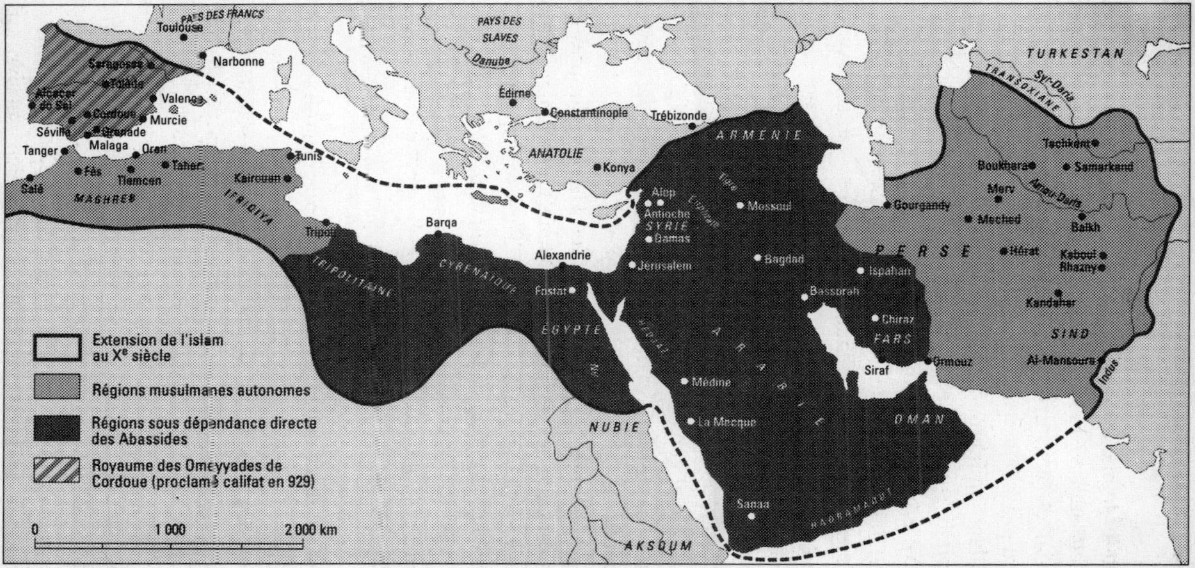

faudra attendre le 17 février 1989 pour que soit proclamée, à Marrakech, l'Union du Maghreb arabe – UMA – comprenant la Libye, la Tunisie, l'Algérie, le Maroc et la Mauritanie [7].

---

7. Lire : Paul BALTA, *Le grand Maghreb, des indépendances à l'an 2000*, La Découverte, 1990 ; Patrick EVENO, dans la même collection, *L'Algérie*, Le Monde Editions-Marabout, 1994.

2. L'âge d'or

Malgré ses divisions, le monde musulman est à cette époque, avec la Chine, le principal foyer de civilisation. De même qu'il y avait eu dans l'Antiquité un « miracle grec », de même peut-on dire qu'au Haut Moyen Age, il y a eu un « miracle arabe », celui des savants et des penseurs qui ont choisi de s'exprimer dans cette langue alors que leurs cultures d'origine étaient différentes.

Georges Sarton a divisé sa monumentale *Histoire des Sciences* en « époques » d'une durée d'un demi-siècle environ ; à chacune d'elles, il a associé une « figure centrale ». Que constate-t-on ? Après les Egyptiens, les Grecs, les Alexandrins, les Romains, les Byzantins, viennent, de 750 à 1100, en une succession ininterrompue, les Jabîr (chimiste, connu en Occident sous le nom de Geber, aux alentours de 800), Khawarizmi (inventeur de l'algèbre et des algorithmes, 780-850), Râzi ou Razès (médecin, créateur du premier hôpital, mort en 925), Birûni (astronome, historien, mathématicien, 973-1050), Avicenne (philosophe et médecin, 980-1037), Omar Khayyam (mathématicien, plus connu en Europe comme poète, 1047-1122)…

Ce n'est qu'à partir du XIIe siècle, souligne Sarton, qu'apparaissent les premiers savants européens et encore partageront-ils les honneurs, pendant deux siècles et demi, avec les hommes de l'Islam, tels le philosophe Averroès (1126-1198), le géographe Ibn Battûta (1304-1377), Marco Polo marocain et, évidemment, le maghrébin Ibn Khaldoun (1332-1406), ancêtre de la sociologie et historien, au sens moderne du terme, à une époque où il n'y avait encore, sur les deux rives de la Méditerranée, que des chroniqueurs.

Ainsi, tous les domaines du savoir ont été explorés : astronomie, mathématiques, physique, chimie, médecine, philosophie, histoire, géographie, architecture, botanique… Les chrétiens arabes d'abord, puis les musulmans, ont commencé par traduire les textes fondamentaux grecs, persans, indiens. Ils ont aussi assimilé les savoirs et les techniques des peuples conquis. Toutefois, contrairement à une opinion répandue à la suite des colonisations européennes au XIXe siècle, la civilisation arabe n'a pas été qu'une courroie de transmission : elle a innové et a été à la pointe de la modernité, même si nombre de ses savants n'appartenaient pas à l'ethnie arabe et que certains n'étaient pas musulmans, comme Maïmonide (médecin, théologien et philosophe juif, 1135-1204).

Pour ce qui est de l'innovation, citons encore quelques noms parmi des centaines : Ibn Haitham ou Al Hazen (965-1039) – un des « plus grands physiciens de tous les temps », selon le Pakistanais Abdus Salam, prix Nobel de physique en 1979 – formule les lois de l'optique bien avant Roger Bacon (1212-1294) ainsi que la loi d'inertie qui deviendra la première loi du mouvement de Newton (1642-1727) ; le Persan Avicenne, auteur du *Canon de la médecine*, enseigné dans les facultés européennes jusqu'au milieu du XVIIe siècle, a donné une interprétation d'Aristote très différente de celle que donnera l'Andalou Averroès qui voulait concilier la raison et la foi, mais l'un et l'autre ont fortement influencé les philosophes et les théologiens chrétiens, même ceux qui ont combattu leurs doctrines.

La civilisation arabe a contribué à transformer le paysage méditerranéen et à dessiner celui qui nous est devenu familier. Combien savent que melons, pastèques et toutes les cucurbitacées n'ont fait leur apparition sur les deux rives qu'après la conquête musulmane ? Que l'abricot est originaire d'Arménie, la pêche de Perse, l'artichaut de Palestine ? Que l'oranger, que l'on croirait méditerranéen de toute éternité, ne l'était pas avant le VIIIe siècle ?

Si le déclin des sciences est indéniable du XIIe siècle à nos jours, en revanche, dans le domaine des arts, les chefs-

Chiffre et zéro

Le 0, le cercle qui exprime le néant (*sunya*, « vide »), a été inventé par les Indiens. Les savants musulmans ont traduit littéralement le mot par *as-sifr* et l'ont diffusé. Par ailleurs, les Romains avaient légué leurs chiffres (I, V, X, L, C, D, M) qui ignoraient le zéro et la numérotation décimale. Ainsi 333 s'écrivait-il CCCXXXIII : on note que dans la numérotation arabe, chacun des « 3 » n'a pas la même valeur, le premier à partir de la droite représentant l'unité, le second les dizaines et le dernier les centaines, ce qui permet des calculs plus complexes.

Selon la tradition, c'est le moine Gerbert d'Aurillac qui profita d'une mission à Cordoue pour s'initier et qui, devenu pape en 999 sous le nom de Sylvestre II, introduisit en Europe les signes numériques arabes de 1 à 9. Le zéro n'était pas encore parvenu au Maghreb et en Andalousie. C'est Léonard de Pise qui l'acclimata en Europe au XIIe siècle sous le mot latin de *cephirum* qui donna en italien *zefero*, puis « zéro » et en français « chiffre ». Les deux termes étaient alors utilisés pour exprimer la même notion et ce n'est qu'au début du XVe siècle qu'il fut décidé que « chiffre » (*cipher*, en anglais) désignerait l'ensemble des signes numériques et « zéro » le 0 !

d'œuvre sont innombrables depuis l'édification à Jérusalem, en 691, du Dôme du Rocher. Du Maroc à l'Indonésie, la permanence de l'unité dans la foi s'impose, sans empêcher le génie propre de chaque région de s'exprimer. Des minarets carrés d'Andalousie et du Maghreb aux minarets-dentelle du Caire et aux minarets en céramique d'Ispahan ; du palais de l'Alhambra à Grenade au tombeau du Taj Mahal d'Agra, en Inde, nous nous trouvons devant des variations sur les mêmes thèmes architecturaux, plongés dans un même univers spirituel et esthétique. Etonnante diversité dans l'unité [8].

Précisons aussi que si le Coran condamne les idoles, il n'interdit pas formellement la reproduction de la nature dans l'œuvre de l'artiste. Songeons d'ailleurs aux admirables miniaturistes persans, turcs, arabes, qui n'ont pas hésité à représenter l'homme dans son environnement. Cela rappelé, il est indéniable que l'abstraction (dernier avatar de l'art contemporain occidental) a prévalu en Islam. L'image, sous toutes ses formes, n'a fait une entrée massive et intempestive dans le monde musulman qu'à la fin du XIXe siècle, et surtout au XXe siècle, avec les journaux et la photographie, la peinture de chevalet, le cinéma, la télévision et la vidéo.

La calligraphie occupe une place éminente dans l'architecture, la sculpture sur pierre et sur bois, la céramique, la dinanderie et la gravure sur cuivre, le tapis. Elle est « l'expression plastique du sacré tout comme la psalmodie du Coran a été son expression musicale. Du Golfe à l'Atlantique et au Pacifique, on retrouve la répétition cyclique d'un rythme dont l'intensité naît de son renouvellement. Ce rythme, qui caractérise l'arabesque et la musique, connaîtra son accomplissement chorégraphique chez les soufis (mystiques musulmans) avec les danses des derviches tourneurs. Autant de formules qui correspondent à la sensibilité des peuples arabes et musulmans qui ont su exprimer leur sensualité, avec un exceptionnel bonheur, dans les arts de type abstrait » [9].

8. Lire : Titus BURCKHARDT, *L'Art de l'Islam*, Sindbad, 1985.
9. Paul BALTA, *Jamil Hamoudi, peintre précurseur*, Ed. ADEIAO, 1986.

3. La deuxième expansion

Paradoxalement, c'est au moment où l'islam arabo-berbère reçoit des chocs de toutes parts et amorce son reflux que la seconde expansion va partir à la conquête de l'Extrême-Orient et de l'Afrique noire. Les assauts d'abord. Venus de l'Ouest et du Nord, les croisés portent des coups jusqu'à la fin de la huitième croisade, en 1270. En Espagne, la *Reconquista* se heurte à la résistance des Almohades mais, après la chute de ces derniers en 1269, elle grignote le domaine musulman jusqu'à le réduire au seul royaume de Grenade qui tombera à son tour, en 1492.

Entre-temps a surgi, à l'Est, du fond de l'Asie, un nouvel ennemi, inconnu, terrible, impitoyable : les Mongols [10]. Ils déferlent en quatre vagues. Celle de Gengis Khan (1167-1227) étend son empire jusqu'à la Volga. Celle de son fils Ogodaï (1185-1241) porte l'épouvante jusqu'en Pologne. Celle de Qubilaï (1214-1294) achève la conquête de la Chine tandis que son frère Hulagû (1217-1265) détruit Bagdad en 1258 ; maître de Damas, en 1260, il est contraint de s'en retirer par Baïbars, l'étonnant sultan mamelouk d'Egypte.

De l'armée de la foi des débuts, les califes étaient passés, par nécessité, à l'armée de métier composée d'esclaves et de mercenaires islamisés : turcs, slaves, kurdes, tcherkesses, berbères, noirs. On les appelait les mamelouks. Au Caire, ces guerriers audacieux et turbulents étaient sortis de leurs casernes et avaient pris le pouvoir aux Ayyoubides ; ils le conserveront jusqu'à l'expédition de Bonaparte, en 1798. Truculent, picaresque, épique, le plus célèbre d'entre eux, Baïbars (1223-1277) est devenu le héros d'une geste populaire [11].

Le coup d'arrêt donné par Baïbars ne découragea pas les

---

10. C. LEMERCIER-QUELQUEJAY, *La Paix mongole*, Flammarion, 1970.
11. Anonyme, *Le Roman de Baïbars*, Sindbad.

Mongols qui partageaient avec les Turcs la culture de la steppe. Tamerlan (Timûr-Lang, « le Boîteux », 1336-1405) est à la tête de la quatrième vague, mais il se convertit et se voulut, dès lors, le rédempteur du sunnisme. Cette conversion est révélatrice des capacités de l'islam de résister aux invasions et de s'adapter aux circonstances. Le déferlement mongol va favoriser l'avènement du monde turc, puis son hégémonie à partir du XVe siècle. Revenons cependant en arrière pour suivre les évolutions sur les différents continents.

La deuxième expansion a été principalement le fait de marchands et de missionnaires qui, à l'occasion, commerçaient pour gagner leur vie. Néanmoins, en diverses circonstances, les guerriers entrèrent en action. En 711, faute d'avoir pris Kaboul, les Arabes s'étaient enlisés sur les rives de l'Indus. Or, la capitale de l'Afghanistan était la clef de la passe de Khaybar, large de dix à douze mètres, permettant de poursuivre au-delà. Ce furent des Mamelouks, des Turcs et des Persans qui conquirent par les armes le nord de l'Inde entre le XIe et le XIVe siècle, et qui islamisèrent une partie de la population traditionnellement hindouiste. Puis, de 1526 à 1687, la brillante dynastie des Grands Moghols, Mongols de Kaboul, règna sur l'empire de Delhi avant de décliner pendant près de deux siècles, jusqu'en 1857, date de l'arrivée des Anglais.

Il en alla de même pour l'Inde du Sud, les Maldives, Sumatra, la péninsule malaise, la Chine du Sud, l'archipel indonésien et, à l'opposé, pour l'Afrique de l'Est, la Corne de l'Afrique, l'Ethiopie, le Soudan. En effet, depuis toujours, les ports du Golfe persique et de l'Arabie commerçaient avec l'Asie et l'Afrique maritimes ; c'est ainsi que marchands et missionnaires musulmans ont pacifiquement intégré à l'empire de vastes régions. En général, ils commençaient par gagner à leur foi princes et souverains ; et les peuples suivaient, en y mettant parfois plusieurs siècles et en conservant nombre

L'expansion de l'islam jusqu'au Xe siècle

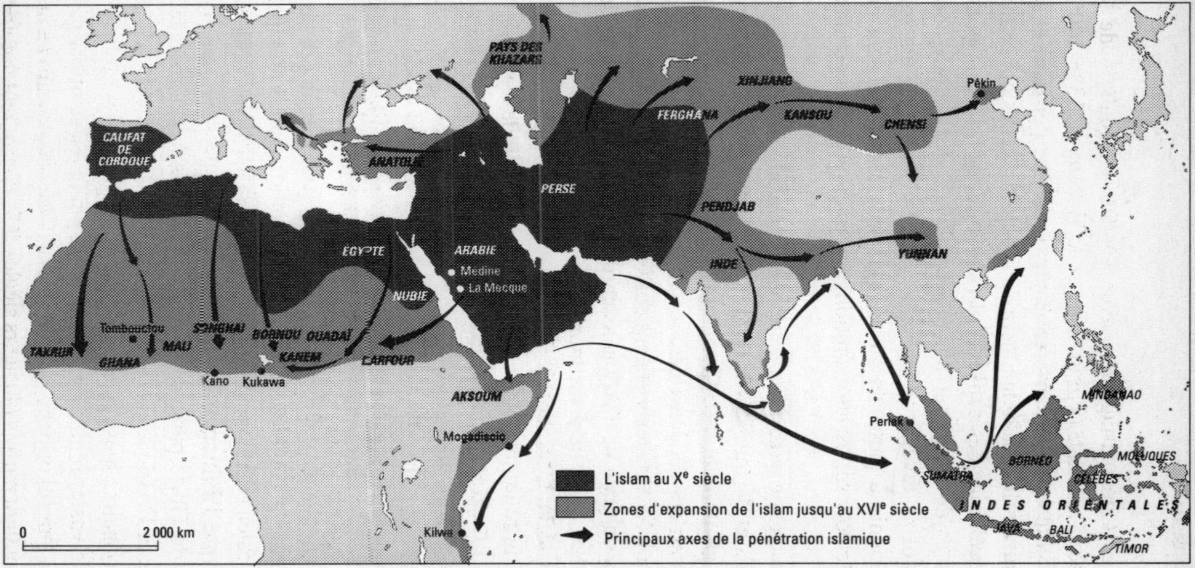

de leurs coutumes, même si elles n'étaient pas conformes à la *charia*. Le processus a été le même, à bien des égards, au Turkestan oriental, grâce aux routes de la soie [12].

Phénomène analogue encore en Afrique de l'Ouest. Selon la légende, la mouche tsé-tsé aurait terrassé, au VIIe siècle, les chevaux arabes à la lisière de la jungle. A partir du XIVe siècle, ce furent les pasteurs de Libye et d'Algérie et surtout les Maures – commerçants et marabouts – du sud du Maroc et de la Mauritanie qui amorcèrent l'islamisation des pays au sud du Sahara. Les conversions se poursuivent de nos jours, des tribus embrassant l'islam à l'exemple de leur chef. A la veille du XXIe siècle, on estime qu'un Africain sur deux est musulman, un sur quatre chrétien, un sur huit catholique.

Autre vecteur de l'expansion, plus militaire que pacifique, les Ottomans (Osmanli) du nom de leur premier chef, Osman, de la tribu des Ghuzz. En 1453, ils s'emparent de Constantinople, rebaptisée Istanbul, siège du califat à partir de 1517. Sous le règne de Soliman le Magnifique (1520-1566), qui scelle une alliance avec François Ier, l'Empire atteint son apogée : il englobe la presque totalité du monde arabe et les Balkans fraîchement conquis. Sunnite, l'islam turc se veut rassembleur. Il s'oppose cependant – rivalité géopolitique héréditaire – à la Perse où la dynastie séfévide (1501-1736) est issue d'une autre tribu turque (les Kizil-bâch, ou « Têtes rouges », d'après la couleur de leur bonnet qui les différencie des Ottomans portant une coiffe blanche) ; elle a fait du chiisme la religion officielle.

Les Ottomans [13] ont réintroduit l'islam en Europe mais y ont appliqué, comme dans les autres provinces, le *millet*, sys-

---

12. Edith MOLLER, « La seconde expansion de l'islam », *in Islam, civilisation et sociétés*, Ed. du Rocher, 1991.

13. Robert MANTRAN, *Histoire de la Turquie*, coll. « Que sais-je ? », PUF, n° 539.

tème où les communautés religieuses non musulmanes et leurs hiérarchies étaient officiellement reconnues ; elles avaient également le droit de conserver leur langue, ce qui a vraisemblablement évité aux Balkans d'être germanisés ou slavisés. Mais, miné par la montée des nationalismes – dont le nationalisme arabe – l'Empire ottoman, appelé « l'homme malade de l'Europe » au XIXe siècle, a été définitivement démembré par les puissances européennes au lendemain de la Première Guerre mondiale.

En dépit de cette défaite et de quelques autres, l'islam a su emporter l'adhésion de peuples très différents, en prouvant, selon les lieux et les circonstances, sa supériorité religieuse, guerrière, marchande, culturelle ou sociale. Il a également su tirer parti des bouleversements économiques et des « ruptures sociales » en se présentant comme un recours. Il a substitué une forme de vie communautaire à d'autres devenues anachroniques, et apporté une certaine rationalité aux sociétés qui l'adoptaient. Ainsi, dans le Sud-Est asiatique, par exemple, des populations sont passées d'une conception cosmogonique, comme à Java ou à Angkor (le palais du roi est le centre de tout) à une vision géographique du monde (on regarde vers La Mecque, on s'y rend, on y rencontre d'autres peuples). En outre, au « temps immobile », si l'on peut dire, l'islam a substitué le temps chronologique, introduit par la notion du Jugement dernier et de la fin des temps. Le processus s'est déroulé, à bien des égards, de façon identique pour les sociétés africaines qui ont pu, en outre, maintenir la polygamie alors que l'Eglise catholique impose la monogamie, sans possibilité de divorce.

4. Du déclin à la renaissance (*Nahda*)

L'islam est une religion qui compte de plus en plus d'adeptes et progresse le plus rapidement : pour la première fois dans l'histoire [14], à l'approche de l'an 2000, le nombre des musulmans (environ un milliard deux cents millions) dépasse celui des catholiques (environ un milliard cent cinquante millions). Cependant, indéniable sur le plan scientifique depuis le XIIe siècle, le déclin a affecté une vaste partie du monde musulman, à partir du milieu du XVIIe siècle, dans les domaines militaire, artistique et économique. On a avancé à cela plusieurs causes externes : le déferlement mongol, les nouvelles voies commerciales terrestres, la montée en puissance de l'Europe dont plusieurs cités – Gênes, Venise, Lisbonne – acquièrent la maîtrise des mers, prélude à la découverte de nouvelles routes maritimes par les Portugais et de l'Amérique par Christophe Colomb.

Nombre d'historiens, musulmans ou non, estiment pourtant que les causes principales de ce déclin furent internes. La décision prise à Bagdad en 1019 (409 de l'hégire) par le calife Al Qadir fut la plus lourde de conséquences : inquiet de l'effervescence intellectuelle et des menaces que faisaient peser les contestataires chiites sur le califat sunnite, il fixa le nouveau *credo* officiel, lu dans toutes les mosquées, et « ferma la porte de l'*ijtihad* » (effort de recherche personnelle). Il tua ainsi pour longtemps l'esprit critique et encouragea l'imitation servile, *taqlid*, au détriment de l'innovation [15].

Des savants de l'époque eurent conscience des effets désastreux de cette décision. Al Ghazâli écrit, vers 1100, dans

---

14. Michel CLÉVENOT (sous la dir. de), *L'Etat des religions dans le monde*, La Découverte-Le Cerf, 1987.
15. Henri LAOUST, *Les schismes dans l'Islam*, Payot, 1983.

La Renaissance des sciences religieuses : « En vérité, c'est un crime douloureux que commet contre la religion l'homme qui s'imagine que la défense de l'islam passe par le refus des sciences mathématiques… » A la fin du XVe siècle, Ibn Khaldoun, pourtant novateur en histoire, confirme le désintérêt des musulmans pour la recherche scientifique lorsqu'il écrit : « Je viens d'apprendre que les sciences philosophiques sont en grande faveur au pays des Romm et sur la rive nord voisine du pays des Francs. On m'assure […] qu'il y aurait de très nombreux traités de ces sciences, beaucoup de gens pour les connaître et d'étudiants pour les apprendre. Mais Dieu en sait plus long que moi. [16] »

Pourtant, affirme le Prix Nobel de physique, Abdus Salam : « Le Coran souligne la supériorité du *âlim*, l'homme qui a le savoir et l'intelligence. » Il rappelle que deux cent cinquante versets seulement traitent de la législation, alors que sept cent cinquante – près d'un huitième du Livre – « exhortent les croyants à étudier la nature, à réfléchir […] et à faire de l'acquisition du savoir et de la compréhension par la science un élément de la vie de la communauté » [17]. Il rappelle aussi que le Prophète a recommandé aux fidèles de « rechercher la connaissance, dussent-ils pour cela aller jusqu'en Chine ». Faisant allusion aux interprétations fallacieuses selon lesquelles l'acquisition du savoir viserait exclusivement à la connaissance de Dieu, il commente : « Parlant de la Chine, il est certain qu'il pensait plus au savoir scientifique qu'à la science religieuse. »

Il faudra attendre le XIXe siècle pour que se produise une prise de conscience sous le triple choc de la philosophie des Lumières et de la Révolution de 1789, de l'expédition de

---

16. *Discours sur l'histoire universelle* (*Al Muqaddima*), trad. Vincent Monteil, Sindbad, 1967-1968.
17. Paul BALTA (sous la dir. de), *Islam, civilisation et sociétés*, Ed. du Rocher, 1991.

Bonaparte en Egypte (1798-1801) et de la révolution industrielle en Europe relayée, dans ce pays, par les disciples de Saint-Simon (1760-1825), auteur du *Catéchisme des industriels*. Des intellectuels égyptiens et syro-libanais contribuent alors à la *Nahda* (Renaissance), dominée par deux grands courants de pensée.

Le premier est celui du modernisme libéral, inspiré par Rifaa Tahtâwi (1801-1873). Formé à l'université religieuse Al Azhar, il est nommé *imam* (aumônier) de la première mission scolaire envoyée en France par Méhémet-Ali (1769-1849), fondateur de l'Egypte moderne, qui abolit la *dhimma*. Il profite de ce séjour de cinq ans pour acquérir une culture encyclopédique et racontera son expérience dans *L'Or de Paris* [18]. Une phrase résume sa philosophie : « Que la patrie soit le lieu de notre commun bonheur que nous bâtirons par la liberté, la pensée et l'usine. » Elle est extraite d'un ouvrage dont le titre est à lui seul un programme : *Les voies des cœurs égyptiens vers les joies des mœurs contemporaines.*

Second courant : le fondamentalisme musulman dont le chef de file fut Mohamed Abdô (1849-1905). Il a suivi un parcours analogue à celui de Tahtâwi (études à l'Azhar, séjour à Paris de 1882 à 1884), mais sa philosophie diffère. Il prône le retour aux sources de la religion, tout en précisant que cette démarche, jointe à l'exercice du bon sens, doit permettre de concilier islam et monde moderne. Surnommé le « réformateur du siècle », il conseille la « réouverture de la porte de l'*ijtihad* » et préconise la fusion des quatre écoles juridiques sunnites (hanafite, malékite, chaféite, hanbalite) en un seul *madhab* (rite) *muhammadien* qui intègrerait aussi les chiites.

Les intellectuels de la *Nahda* ont effectué un gigantesque travail de mise à jour : traductions de livres européens, adap-

---

18. Editions Sindbad, 1988.

tation du vocabulaire arabe aux inventions, création de mots nouveaux et de néologismes pour tenir compte des évolutions sociales et scientifiques en Occident, réflexion sur les sociétés arabes confrontées à l'accélération du rythme de l'histoire et au sécularisme. Cet effort n'est pas sans rappeler celui des Européens qui, au Moyen Age, avaient puisé dans la civilisation arabe et frayé la voie à la Renaissance [19].

S'ajoutant au choc direct avec l'Europe, la *Nahda* a eu des répercussions en Turquie, en Iran et dans les pays arabes du Proche-Orient et du Maghreb. En favorisant, au nom du progrès, la circulation intensive des idées, des biens et des personnes, l'Europe a accéléré les évolutions politico-sociales mais, dans le même temps, elle en a réduit les effets par ses entreprises coloniales et a freiné le renouveau scientifique (voir chapitre V). Le rapport de force est donc resté en faveur du Nord sur le plan des armes, de la technologie, de la création de nouveaux concepts et de la production de richesses économiques.

19. Anouar ABDEL-MALEK, *Idéologie et renaissance nationale. L'Egypte moderne*, Anthropos, 1969.

CHAPITRE III

Islam et sociétés

▪

Les points fondamentaux du dogme sont respectés par tous les musulmans du globe. Si le dogme est un, les sociétés, elles, sont plurielles, avec les conséquences qui en découlent. Pourtant, au sein même de cette diversité, l'islam a introduit des usages, des rituels, un savoir-vivre, des comportements, bref des traits communs qui donnent au monde qu'il régit une tonalité caractéristique. Les musulmans traditionalistes ont, quant à eux, une vision bipolaire de la planète : ils opposent le Dar el islam, *« la Maison de l'islam », au* Dar el kufr, *« le territoire de l'impiété », appelé aussi* Dar el harb, *« le territoire de la guerre ».*

Au fil du temps, des communautés musulmanes se sont trouvées minoritaires au milieu de peuples non musulmans ; les bouleversements et les grandes migrations du XX*e* *siècle ont créé une nouvelle situation avec l'implantation de millions de musulmans, minoritaires, dans des sociétés laïques ou en voie de laïcisation, comme en Europe. Peut-on dire qu'est en train de se constituer un « islam à l'européenne » et qu'entend-on par là ?*

1. Les « Islam(s) »

Le dogme est un. Ses points fondamentaux – unicité de Dieu, paradis, enfer, etc. – et les pratiques qui l'accompagnent, comme les « cinq piliers », sont respectés par tous, sunnites, chiites et ibadites. L'unité est, sur ce plan, réelle et profonde.

Les peuples de l'Islam sont, en revanche, d'une grande diversité, du Maroc à l'Indonésie, de l'Afrique noire à l'Asie centrale. On relève également des différences notables, ethniques et culturelles, entre des sociétés islamisées qui ont fini par constituer un même peuple, tels les Berbères et les Arabes au Maghreb, ou d'autres qui cohabitent dans un même Etat, comme les Turcs et les Kurdes en Turquie, ou les Bengalis et les Indiens en Inde. De plus, en raison de leurs traditions antéislamiques, tous n'appliquent pas la *charia* avec la même rigueur. C'est pourquoi certains auteurs n'hésitent pas à parler « des Islam(s) », au risque d'en choquer plus d'un.

Louis Massignon avait, en 1939, classé les musulmans selon les groupes ethnico-linguistiques suivants : Arabes et arabisés (Egyptiens et Berbères), Iraniens, Turcs, Hindous, Chinois, Malais, Somalis, Ethiopiens et Soudanais. Dans *Aux cinq couleurs de l'islam* [1], l'arabisant Vincent-Mansour Monteil, converti sur le tard à l'islam, a adopté une répartition en cinq grandes aires culturelles possédant une langue dominante commune : Arabes et Berbères (autour de l'arabe), Irano-Indiens (autour du persan), Turcs (autour du turc), Malais (autour du malais) et Noirs (autour de plusieurs langues africaines dont le swahili).

Pour avoir une idée plus précise de la mosaïque islamique, il faut ajouter les communautés dispersées sur d'autres continents. Aux Etats-Unis, les *Black Muslims*, anglophones, des-

1. Editions Maisonneuve et Larose, 1989.

cendants d'anciens esclaves, ont affirmé leur identité face aux Blancs en se convertissant et en pratiquant, à l'appel de Malcolm X (1925-1965), un islam militant. Les grandes migrations du XIXe et du XXe siècles ont transplanté d'autres communautés. Les Arabes du Proche-Orient installés en Amérique latine se sont hispanisés ; ces *Turcos*, ainsi dénommés parce qu'ils venaient de l'empire ottoman, ont généralement bien réussi, comme l'atteste (après une discrète conversion au catholicisme) l'élection de Carlos Menem à la présidence de l'Argentine, en 1989.

Conflits divers, colonisations, régimes dictatoriaux, crises économiques, pressions des islamistes ont également incité plusieurs millions de personnes à gagner, outre l'Europe (voir la fin du chapitre) et les Etats-Unis, le Canada et l'Australie. A titre d'exemple, on estime que quatre millions d'Iraniens ont pris le chemin de l'exil dès que la proclamation de la République islamique à Téhéran, en 1979, a paru inéluctable : essentiellement des cadres formés à l'occidentale et leurs familles.

On relève des « dominantes » selon les groupes ethniques et les régions. Le Maghreb est sunnite malékite et le monde turc majoritairement sunnite hanafite ; mais ce dernier compte des communautés chiites, comme les alévis à l'intérieur même de la Turquie, et les populations de l'Azerbaïdjan iranien et de la République d'Azerbaïdjan (ex-soviétique). A l'inverse, les persanophones sont principalement chiites, mais ceux de la République du Tadjikistan sont sunnites. Les chaféites sont majoritaires en Basse-Egypte, chez la plupart des peuples arabes du Proche-Orient et en Indonésie.

L'islam, étant jugé l'avènement majeur dans l'histoire de l'humanité, incite les musulmans à mépriser les civilisations païennes qui l'ont précédé, et les plus rigoristes n'accordent aucune valeur aux vestiges de l'Antiquité. Toutefois, la mémoire collective conserve des traits et des traditions antérieures, ce qui entraîne parfois des situations inattendues. Ainsi l'ayatollah Khomeiny, s'il ne s'était heurté à une très vive opposition de son opinion publique, aurait ordonné la destruction des monuments de l'époque achéménide, en particulier ceux du célèbre site de Persépolis où Mohamed-Reza avait commémoré avec faste, en 1971, le deux mille cinq centième anniversaire de la monarchie en Iran. Ainsi, les Berbères, notamment dans les régions montagneuses, ne respectent pas les prescriptions du Coran en matière d'héritage des femmes, pour éviter le morcellement des terres privées ou collectives dont la superficie est faible. L'anthropologue Germaine Tillion note d'ailleurs que lorsque la Loi de Dieu s'oppose à une coutume vitale pour la société, c'est toujours la coutume qui l'emporte [2].

Il arrive aussi que celle-ci continue à s'imposer car elle est enracinée de longue date dans les mœurs et les mentalités. Alors que Coran et *sunna* affirment l'égalité des croyants devant Dieu, en Inde, les distinctions de castes existent toujours chez les musulmans. Même s'ils s'en défendent en public, Arabes, Turcs et Iraniens manifestent de la condescendance, voire du mépris, à l'égard des Noirs. Ces derniers peuvent, eux, pratiquer une discrimination à l'égard de leurs frères de race, comme dans le sud de la Mauritanie où maîtres et esclaves ne sont pas enterrés dans les mêmes cimetières. Autres illustrations du phénomène : Egyptiens, Maghrébins et Africains au sud du Sahara pratiquent le culte des saints, recourent aux marabouts et font commerce de talismans et d'amulettes. Depuis le début du siècle, les wahabites saoudiens et les Frères musulmans d'Orient luttent vigoureusement contre ces coutumes qu'ils assimilent à l'idolâtrie et à la sorcellerie. De même, interdits alimentaires et autres ne sont

2. *Le Harem et les cousins*, Le Seuil, 1982.

pas toujours respectés : les Ouïghours de Chine mangent du porc, les Turcs boivent couramment et publiquement du raki, alcool anisé, consommé également en Syrie, au Liban et en Irak sous le nom d'arak. Alors que l'art funéraire est proscrit, Turcs, Egyptiens et Indiens édifient des tombeaux qui ont parfois la dimension de mausolées ; le plus vaste est le Taj Mahal (1631-1641), en marbre blanc, élevé par l'empereur moghol Châh Djahân à la mémoire de son épouse, Mumtâz Mahal.

Dans de nombreuses régions, les paysannes vont à visage découvert, même en public ; c'est le cas, entre autres, chez les Berbères. En Algérie, les citadines traditionalistes portent le *haïk* blanc ou noir qui enveloppe le corps, et le *ngueb*, triangle de tissu souvent brodé qui masque le nez et la bouche, tandis que les Mozabites conservent le grand voile qui laisse un seul œil à découvert, et que les modernistes s'habillent à l'européenne. Depuis la fin des années quatre-vingt, les mouvements islamistes tentent d'imposer à toutes – et partout –, outre la tunique longue, le *hijab*, foulard qui cache les cheveux et le cou mais pas le visage : ils soulignent que cette tenue respecte la tradition tout en étant mieux adaptée au monde contemporain que le *haïk* ou le *tchador*, parce que moins encombrante.

Bien qu'un *hadith* du Prophète affirme : « Pas de contrainte en religion », des discriminations peuvent jouer à l'intérieur de l'Islam. Par exemple, partout où ils sont minoritaires (et même en Irak où ils représentent 57 % de la population), les chiites sont maltraités par les sunnites qui détiennent le pouvoir. Ces derniers réprouvent aussi le mariage temporaire conclu, entre autres, au cours d'un voyage par les chiites [3]. Néanmoins, à la suite de la révolution khomeiniste

3. Yann RICHARD, « Le chi'isme, les femmes et le plaisir », *in L'islam chi'ite*, Fayard, 1991.

en Iran, ces minorités ont réagi et se sont même soulevées dans plusieurs Etats, obligeant les régimes en place à mieux les respecter.

Comme on l'a vu au chapitre précédent, dans tous les pays – à l'exception de l'Arabie Saoudite – coexistent un islam savant, souvent dogmatique, celui des docteurs de la Loi, et un islam populaire où l'on adhère à des confréries et où l'on pratique le culte des saints auxquels est demandée la *baraka*, la « bénédiction », pour obtenir la réalisation d'un vœu ou simplement pour rester en bonne santé. Enfin (on abordera la question dans le dernier chapitre), l'Islam est traversé de divers courants de pensée – traditionaliste, réformiste, fondamentaliste, moderniste – qui s'opposent souvent violemment. Les uns se contentent d'observer la *charia* comme on la leur a enseignée, d'autres veulent l'appliquer avec plus de rigueur, d'autres encore entendent la réformer pour prendre en compte l'évolution du monde.

2. Les traits communs

Au sein de cette mosaïque dont on vient de mesurer la diversité, l'islam, comme toutes les religions, a introduit des usages, des rituels, des comportements, un savoir-vivre qui donnent à son univers une tonalité caractéristique. On retrouve dans la vie quotidienne de tous les pays des traits communs. Partout, le muezzin appelle cinq fois à la prière, partout on fait celle-ci avec des gestes identiques, de même que partout l'observance du ramadan revêt une importance particulière car elle constitue une manifestation publique de la foi et une affirmation d'identité ; partout, enfin, les musulmans appliquent les mêmes principes de base.

L'islam est à la fois un mode de vie et une éthique qui sont inculqués au garçon et à la fille dès leur plus jeune âge. Le bon musulman doit être bien éduqué sur le triple plan physique, moral et social. Les principes du savoir-vivre, figurant dans le Coran et la *sunna*, ont été mis en pratique dès les débuts, à Médine, conformément aux recommandations de Mahomet. La religion se propose donc de développer chez le croyant de solides valeurs humaines : notion de l'effort, maîtrise de soi, patience, confiance dans la vie d'ici-bas et dans celle de l'au-delà, sens de la famille et de la communauté. Il faut être non seulement poli – dans tous les sens du terme – mais aussi policé, et ce n'est pas un hasard si *adab* signifie « politesse « et « belles-lettres », l'esprit ayant autant d'importance que le corps.

La propreté corporelle est un impératif et même une obsession, selon un ouvrage devenu classique [4]. Un *hadith* indique que : « La propreté fait partie de la foi. » Dans un autre, le Prophète précise : « Cinq choses sont exigées du musulman : la circoncision, l'épilation du pubis et celle des aisselles, la

4. Abdelwahab BOUDHIBA, *La sexualité en Islam*, PUF, 1975.

taille des moustaches, la coupe des ongles » ; les quatre dernières prescriptions devant être accomplies au moins tous les quarante jours. La mère apprend donc à ses enfants à faire leurs ablutions, à bien user de la main droite, à s'épiler, l'école et la mosquée prenant ensuite le relais pour continuer à inculquer les bonnes manières.

Le musulman a horreur de la souillure provoquée par les sécrétions – sang, sperme, sueur, morve, urine, selles – et prend les dispositions nécessaires pour les éviter et se nettoyer avec de l'eau ou, s'il n'en a pas à sa disposition, avec du sable ou une pierre plate. Se parfumer est recommandé, y compris aux hommes, et l'on sait que le Prophète était grand amateur de parfums. La *sunna* et les traités des *fuqahâ* entrent dans les détails les plus intimes de la vie quotidienne et des rapports du couple, ce qui surprend les Occidentaux.

L'homme éduqué, civilisé, s'essuie le nez, se retient de bâiller en public, s'abstient de manger de l'ail et de l'oignon avant d'aller à la mosquée où il se garde de lâcher des vents. Le lieu du culte est interdit à la femme pendant la période menstruelle car elle est alors impure et son mari ne l'approchera pas à ce moment, à l'instar du judaïsme et du christianisme. C'est pourquoi certains *fuqaha* ont recommandé de prendre jusqu'à quatre épouses, alors que, selon le Coran, c'est une simple tolérance. De toute façon, le célibat est condamné et le mariage un devoir. « L'épouse, dit un *hadith*, ne doit jamais rien refuser à son mari, fut-ce sur le bât d'un chameau », mais le couple doit se purifier après toute copulation, considérée comme une « impureté majeure ». Excepté la jeune fille et la femme en deuil, la femme doit s'épiler si elle ne veut passer pour répugnante et sale. Quant à l'homme, il peut se laisser pousser la barbe, signe de virilité, mais il doit l'entretenir et la lisser, comme ses cheveux [5].

5. Anne-Marie DELCAMBRE, *L'islam*, coll. Repères, La Découverte, 1990.

Le Prophète a adopté la coutume juive de la circoncision, pratiquée généralement sur le garçon avant l'âge de sept ans. La *sunna* précise qu'elle « consiste [...] à couper le prépuce qui entoure le gland pour éviter qu'il n'accumule la saleté, pour permettre de bien vider la verge lorsqu'on urine et ne pas diminuer le plaisir charnel ». C'est probablement pour cette dernière raison que Mahomet a rejeté la coutume de l'excision des femmes, l'islam ne condamnant ni la sensualité ni le plaisir légitimes.

L'éducation morale n'est pas moins rigoureuse que la corporelle. Elle implique le sens de l'effort, présent dans les « cinq piliers » : effort pour la prière (s'agenouiller, se lever, s'incliner), pour se priver de nourriture pendant le mois du ramadan, pour faire l'aumône, pour accomplir le pèlerinage (à une époque où les moyens de communication n'étaient pas ce qu'ils sont devenus) ; enfin, l'effort que constitue le *jihad*, effort sur soi pour devenir meilleur mais aussi guerre sainte.

L'idéal à atteindre est de devenir un homme raisonnable, adulte, qui sait faire usage de sa raison parce qu'elle le distingue de l'animal et du fou : c'est dans cette optique que sont proscrits l'alcool et les jeux de hasard car ils troublent l'esprit et égarent le jugement. La véritable virilité implique le contrôle de ses instincts, la maîtrise de sa sexualité pour ne pas être ravalé au rang d'une bête. Selon un *hadith*, Aïcha a rapporté : « Le Prophète [...] embrassait et touchait ses femmes, alors qu'il jeûnait, mais il était plus maître que vous de son membre viril. » Les versets 23 et suivants de la sourate XVII recommandent notamment au croyant de respecter père et mère, de n'être ni avare ni prodigue, de ne tuer un être humain qu'à bon droit, de ne pas capter l'héritage de l'orphelin, de donner son dû à chacun, de ne pas être orgueilleux... Tous ces préceptes s'appliquent également à la femme et à l'enfant qui ont, néanmoins, besoin d'être surveillés et protégés contre eux-mêmes.

En Islam, l'individu ne se conçoit qu'en fonction de la société et la morale est avant tout une morale de groupe qui concourt à la cohésion de la communauté. Le savoir-vivre en famille, entre voisins, à l'égard des autres est contraignant. Il porte sur les gestes les plus simples aussi bien que sur les situations les plus complexes.

Comme jadis à Médine, et selon le *hadith*, « le plus jeune doit le salut au plus âgé, le passant à celui qui est assis, le petit groupe au groupe plus nombreux ». Le *salam 'alyek*, « le salut, la paix sur toi » (que nous avons transformé en « salamalecs ») que l'on s'adresse mutuellement, est une innovation de l'islam. Comme jadis, il convient encore de participer aux banquets de mariage, de rendre visite aux malades, d'assister aux enterrements. Offrir des cadeaux en toute occasion pour montrer son affection est une recommandation expresse du Prophète.

Cette urbanité a eu un effet paradoxal pour la campagne. En effet, bien que né au désert, l'islam est un phénomène de ville qui a élaboré une culture citadine, fondée à bien des égards sur le négoce et les échanges de tous ordres. Dès lors, le commerçant et le lettré – « l'encre du savant est plus sacrée que le sang du martyr » (*chahîd*), dit un *hadith* – sont honorés tandis que le travail de la terre est méprisé, de même que le paysan est jugé fruste parce qu'isolé, sédentaire et renfermé.

La solidarité au quotidien est un élément fondamental du code de bonne conduite. Les membres de la *oumma* doivent s'entraider, se soutenir, surtout dans l'adversité. La solidarité communautaire est le ciment de la nouvelle religion, comme les « cinq piliers » sont la base du culte. Grâce à l'éducation, le sentiment de ce devoir – nourrir celui qui a faim, soigner le malade, aider le sans-abri, secourir le déshérité – est profondément ancré dans le cœur et l'esprit du pratiquant.

Toutefois, les contraintes de l'économie moderne, l'industrialisation, l'exode rural qui précipite des campagnards déracinés dans des mégapoles où les citadins perdent leurs repères, ont contribué à effilocher cette notion. Les islamistes ont su la raviver à leur profit en la faisant jouer dans les quartiers les plus démunis au niveau de l'alimentation, de la santé, de l'éducation, voire de l'emploi. Paradoxalement, lorsqu'ils accèdent au pouvoir, comme en Iran, ils éprouvent des difficultés à pratiquer ce savoir-faire à l'échelle nationale et à gérer avec efficacité son économie.

3. *Dar el Islam* et *Dar el Harb*

Le savoir-vivre et le polissage de l'esprit auquel il tend sont le résultat d'une éducation contraignante. La pédagogie repose sur l'apprentissage par cœur, la prise des habitudes par la répétition, l'imitation, la soumission aux parents et aux maîtres. L'enfant rétif sera d'ailleurs puni de coups de règle appliqués sur le bout des doigts rassemblés autour du pouce ou de la *falaka*, bastonnade sur la plante des pieds.

Ce code de bonne conduite ne risquait-il pas d'aboutir à une morale close, rigide, légaliste, par opposition à une morale ouverte, privilégiant l'amour par rapport à la Loi ? Les musulmans se sont évidemment posé la question et y ont apporté deux sortes de réponse : les uns ont réagi en mettant l'accent sur la raison et l'*ijtihad*, effort de réflexion personnel, les autres en se tournant vers le mysticisme et les confréries.

Quoi qu'il en soit, dogme et pratique, croyance et prescriptions, coutumes et traditions, droits et devoirs, éducation et savoir-vivre, unité et diversité, ont fondé la même *oumma*, la « communauté », mot dérivé de *oumm*, la « mère ». Cette « matrie », par opposition à la patrie, rassemble donc, sur le double plan spirituel et temporel, les musulmans dont la vie est rythmée par les prières quotidiennes et les fêtes de l'année hégirienne.

Cet ensemble, c'est le *Dar el islam*, « la maison, le territoire de l'islam », qui est aussi le *Dar el Salam*, le « territoire de la paix », par opposition au *Dar el kufr*, « le territoire de l'impiété », appelé aussi *Dar el harb*, « le territoire de la guerre ». Théoriquement, d'après le droit classique, ce dernier doit être progressivement gagné au *credo* et à la *charia* par la victoire des armes ou par les conversions dues à la prédication. C'est un thème que l'on retrouve dans les discours d'hommes aussi différents que Khomeiny, le chiite, le colonel Kadhafi, sunnite réformiste (voir encadré p. 150), ou Ali

Dhimma et *milla*

La *dhimma*, pacte de protection des monothéistes minoritaires, limite leur participation à la vie de la cité : ils sont soumis à un impôt particulier et à des restrictions de liberté individuelle (habit distinctif, prohibition de montures nobles comme le cheval), familiale (statut personnel), économique (restrictions sur les métiers), cultuelle (processions et cloches limitées ou prohibées) et civique (interdiction d'assumer des charges administratives, politiques et militaires). Appliquée avec rigueur (aujourd'hui, elle ne l'est plus guère mais a laissé des traces), elle tenait à marginaliser les communautés juives et chrétiennes qui continuaient cependant à vivre en symbiose avec les musulmans : leurs membres s'orientaient vers les professions libérales (médecine, finance, littérature, arts).

Sous les Ottomans, s'ajoute à la *dhimma* la notion de *milal* (au singulier *milla*), religion au sens communautaire, et de *millet* (communautés non musulmanes reconnues). Ainsi, tous les juifs de l'Empire dépendaient du Khâkhâm Bachi (grand rabbin), installé à Istanbul, et le *millet* orthodoxe était régi par le patriarche grec de Constantinople... Face à l'Europe des persécutés, au XVIe siècle, ce système protégeait les communautés et était comme un « asile de paix religieuse » (André Miquel). Mais, dans les périodes de crise (à partir du

XVIIIe siècle), les *millet* furent soupçonnés d'être des « alliés », des « agents » ou le « cheval de Troie » de l'étranger. A l'inverse, lorsque les tensions étaient trop fortes, certaines communautés étaient tentées de considérer les puissances chrétiennes comme un recours.

Paul BALTA, *Le Monde*,
18-19 septembre 1983

Benhadj, numéro deux du FIS algérien, lorsqu'il souligne que la mission de tout bon musulman est de « répandre l'islam dans le monde parmi toutes les nations et tous les peuples ».

Entre ces deux territoires, il y a celui « de la trêve », le *Dar al çolh*, qui obtient la paix moyennant tribut sans avoir été conquis par les armes. Si ces dernières n'ont pas remporté l'avantage, les relations entre *Dar el islam* et *Dar el harb* seront régies par « l'état de nécessité », la *daruriyya* qui pourra être également dictée par des impératifs économiques, techniques ou sociaux.

Paradoxalement, l'islam n'a rien prévu pour ses fidèles vivant dans le *Dar el harb* et qui peuvent être répartis en deux grands groupes : minorités nationales et minorités immigrées.

Les premières sont constituées de millions de musulmans qui cohabitent depuis plusieurs siècles avec des peuples à majorité hindouiste et bouddhiste (Inde, Ceylan, Birmanie), catholique (Philippines), chrétienne ou animiste (plusieurs pays d'Afrique noire). Avec l'affirmation des Etats-nations au XIXe siècle et surtout au XXe siècle, les tensions se sont exacerbées et les musulmans ont soit fait sécession (Pakistan), soit réclamé l'autonomie ou l'indépendance, sans pour autant l'obtenir (Philippines) [6].

Autre cas de figure plus récent, celui des musulmans qui vivent sans réels problèmes dans des pays communistes (en Chine, principalement, depuis 1950) ou qui ont vécu assez mal, pendant soixante-dix ans, sous la juridiction du marxisme athée militant (ex-Union soviétique, anciens pays de l'Est et des Balkans, ex-Yougoslavie). Après l'effondrement des régimes communistes, en 1991, les tensions intercommunautaires ont été fortes, notamment entre Ingouches et Ossètes, Cosaques et Tchétchènes [7], etc. Dans les Républiques musulmanes ex-soviétiques devenues indépendantes, les situations sont très variables : ainsi, une guerre territoriale a opposé les Azéris aux Arméniens du Haut-Karabakh qui demandaient leur rattachement à la République d'Arménie. Toutes ces Républiques sont d'ailleurs très courtisées, par l'Arabie Saoudite qui finance la construction des mosquées, l'Iran qui encourage un islam radical et la Turquie qui a l'avantage de la communauté de langue et joue ses cartes sur le plan de la coopération économique, technique et culturelle.

Dans l'ex-Yougoslavie, les musulmans de Bosnie-Herzégovine ont été en butte, depuis 1991, à la politique de « purifi cation ethnique » pratiquée par les Serbes qui ont cherché à édifier par les armes la Grande Serbie, aux dépens de leurs voisins bosniaques et croates [8]. Après une brève période de flottement, les Etats musulmans ont affiché leur solidarité avec leurs frères de Bosnie et reproché à l'Union européenne

6. Paul BALTA (dossier établi et présenté par), *L'Islam dans le monde*, Le Monde Editions, Paris, 2e éd., 1991.
7. Le 11 décembre 1994, les troupes russes étaient entrées en Tchétchénie pour « mater » les velléités d'indépendance de cette République.
8. Bernard FÉRON, *Yougoslavie, origines d'un conflit*, Le Monde Editions-Marabout, 1993.

son incapacité à y faire respecter les droits de l'homme.

Contrairement aux minorités nationales, importantes en nombre et souvent groupées sur un même territoire, les minorités immigrées, principalement en Europe, sont assez éparpillées, même s'il se trouve des communautés plus ou moins fortes dans certains quartiers de quelques grandes villes et banlieues.

4. L'Islam et l'Europe

A l'approche de l'an 2000, on estime à près de dix millions les musulmans, immigrés ou non, en Europe occidentale : environ quatre millions en France (à dominante maghrébine) ; plus de deux millions en Allemagne (à dominante turque) et un peu moins en Grande-Bretagne (à dominante indo-pakistanaise) ; 300 000 en Espagne (à dominante marocaine) ; aux alentours de 100 000 aux Pays-Bas et en Belgique ; quelques dizaines de milliers dans les autres pays.

La situation est nouvelle, tant pour les sociétés d'accueil, de traditions catholique et protestante, que pour les arrivants : ils doivent, en effet, s'adapter à des Etats démocratiques (et non plus ou moins théocratiques), où la laïcité est la doctrine officielle, comme en France et en Belgique, ou très fortement sécularisés, même si les relations entre le religieux et le politique restent plus étroites. Ainsi, en Grande-Bretagne, le souverain est le chef de l'Eglise anglicane, le communautarisme y fait partie de la tradition et le port du voile y est autorisé dans les écoles (voir encadré pages 84-85).

En France, la première vague d'émigrés musulmans – ouvriers maghrébins, tirailleurs sénégalais – est arrivée en France pendant la Première Guerre mondiale, soit pour remplacer des Français dans les usines, soit pour monter au front. Ils étaient 90 000 lorsque le radical, laïc et franc-maçon Edouard Herriot décida, en 1922, l'édification de la Grande Mosquée de Paris pour signifier que la France était aussi un empire musulman et pour rendre hommage à ceux qui étaient morts pour elle.

La deuxième vague, qui compte en particulier quelque 500 000 harkis (supplétifs de l'armée française en Algérie), fait suite à l'indépendance des pays du Maghreb et d'Afrique noire (1955-1965). Elle regroupe alors environ un million de musulmans maghrébins, sans parler d'autres venus d'hori-

Des logiques différentes

Pour des raisons historiques et philosophiques, les systèmes appliqués en Europe aux musulmans, naturalisés ou non (comme aux autres étrangers), relèvent de logiques différentes. Ainsi, la France, pays d'accueil depuis des siècles, a toujours visé à l'intégration des personnes.

Déjà, la monarchie appliquait le *jus solis* permettant à l'enfant étranger né sur son sol d'obtenir la nationalité française alors que l'Allemagne, elle, applique le *jus sanguinis*, la nationalité par la filiation, et la naturalisation des étrangers y est difficile et exceptionnelle.

La République a accentué cette politique en se fondant sur les principes d'égalité et de laïcité. L'école publique est un creuset qui gomme les différences et privilégie le citoyen. Depuis 1789, elle applique la règle, même si cette application a connu des entorses : « Est Français qui veut être Français. » Dès lors, la pratique du culte et de la culture d'origine est une affaire privée. La liberté de conscience, inscrite dans la Constitution, autorise-t-elle, par exemple, à afficher sa différence à l'école publique ? Vaut-il mieux exclure les musulmanes portant le *hijab*, ou au contraire les laisser poursuivre leur scolarité en pariant sur l'acquisition du savoir et des principes républicains, tout en risquant de donner l'impression aux islamistes qu'ils ont marqué un point ? Chaque solution ayant ses avantages et ses inconvénients, il n'est pas facile de trancher dans ce débat récent : jusqu'ici, la France avait scolarisé sans problème des milliers de jeunes musulmanes pendant des décennies.

La pratique du Royaume-Uni a ses racines dans la tradition « arabiste » et arabophile du *Foreign Office* (ministère des Affaires étrangères), remontant au XIXe siècle. Elle est fondée sur le système communautaire qui permet à chaque groupe ethnique ou religieux, donc notamment aux musulmans, de disposer de son réseau d'écoles, de lieux de cultes, de banques, de journaux, etc. Le port du foulard est donc autorisé en classe au nom de la politique d'éducation dite « multi-ethnique ». De ce système fermé – car chaque communauté reste calquée sur son modèle d'origine – résultent une grande balkanisation et une faible intégration. Ainsi, il est exceptionnel qu'un sujet britannique aux racines pakistanaises ou bangladaises soit admis au sein de la société blanche protestante. En outre, dans la mesure où de nombreux musulmans appartiennent à des groupes pauvres et défavorisés, ils sont davantage victimes de sous-éducation.

Les cultures du pays d'accueil et de celui d'origine engendrent parfois, au moins dans un premier temps, des situations tragiques. A titre d'exemple, une famille kurde de Turquie a été condamnée en France parce que le frère, avec l'assentiment des parents, avait étranglé sa sœur, accusée de frivolité. L'autopsie a prouvé, trop tard, que la jeune fille était vierge. Les avocats de la défense ont plaidé – c'était leur rôle – la différence des mœurs et des coutumes concernant notamment l'honneur de la famille. Il n'empêche qu'en Turquie même, ce genre de crime est passible de la peine de mort parce qu'Atatürk voulait précisément lutter contre les mœurs et les mentalités rétrogrades et favoriser l'émancipation des femmes.

zons divers. Elle accompagne le *boom* économique dans une Europe dont la natalité en baisse a besoin d'une main-d'œuvre peu qualifiée et pas chère. Alors, les musulmans constituent déjà la deuxième communauté religieuse, après les catholiques mais avant les protestants, les juifs, voire les bouddhistes. Pourtant, les mosquées sont quasi inexistantes, de même que manquent les imans susceptibles d'enseigner et de guider les croyants. Ces immigrés vivent leur foi comme « un exil intérieur », selon l'expression de Halim Herbert, anthropologue converti.

En effet, un nouveau phénomène apparaît : des Français embrassent l'islam. Ils ont généralement été attirés par le soufisme ou influencés par le philosophe René Guénon (1886-1951) qui s'est converti avant de mourir au Caire ; il soutenait que l'Occident avait perdu son âme en perdant ses traditions, mais qu'il pouvait la retrouver en s'inspirant de l'Orient qui avait conservé ses valeurs [9]. Deux orientalistes ont tout autant marqué les esprits : Louis Massignon (1883-1962), auteur de *La Passion de Hallaj, martyr mystique de l'islam* [10] et Henry Corbin (1903-1978) qui a consacré son œuvre à l'islam chiite [11].

Citons, parmi les convertis les plus connus, le chorégraphe Maurice Béjart, le philosophe Roger Garaudy [12], Michel Chodkiewicz, ancien directeur des éditions du Seuil, spécialiste du soufi Ibn Arabi [13] et traducteur des *Ecrits spirituels* de l'émir Abdel-Kader [14]. En outre, d'autres se sont également convertis, soit parce qu'ils appréciaient la chaleur commu-

9. René GUÉNON, *Le règne de la quantité et les signes des temps*, Gallimard, 1970.
10. Gallimard, 1975.
11. *Corps spirituel et terre céleste : de l'Iran mazdéen à l'Iran chiite*, Buchet-Chastel, 1979.
12. *L'Islam habite notre avenir*, Desclée de Brouwer, 1981.
13. *Les Illuminations de La Mecque*, Sindbad, 1988.
14. Le Seuil, 1982.

nautaire et le sens de la solidarité musulmane, soit pour répondre aux exigences de la famille où ils voulaient contracter mariage. Ils seraient entre trente et cinquante mille ; certains milieux musulmans avancent les chiffres de cent mille et même deux cent mille, sans doute en tenant compte des « mariages mixtes ». Il semble cependant que, pour la plupart, la conversion est davantage une commodité juridique qu'une véritable profession de foi entraînant la pratique, de sorte qu'en cas de divorce, le converti revient le plus souvent à ses premières croyances.

La troisième vague commence en 1981, avec la victoire électorale de la gauche. Celle-ci, dans un souci d'humanisme, prend des mesures favorisant le regroupement familial, la reconnaissance légale des associations étrangères et facilite la prise en charge du culte par les musulmans eux-mêmes dont le nombre est alors estimé entre trois et quatre millions.

La communauté la plus nombreuse, pour des raisons historiques et géopolitiques, est celle des Maghrébins [15] : 725 000 Algériens (- 10 % entre 1980 et 1990), 560 000 Marocains (+ 50 %), 226 000 Tunisiens (+ 60 %), sunnites de rite malékite. Autres groupes importants : les Turcs, hanafites (plus de 180 000, ils ont triplé en dix ans) ; les musulmans non-arabes d'Asie (Iraniens, Afghans, Pakistanais, Indiens) qui sont environ 200 000 dont une proportion notable de chiites ; les arrivants d'Afrique noire, 170 000 (+ 50 %) qui appartiennent presque tous à des confréries. Enfin, originaires du Proche-Orient, les Libanais (35 000 dont 20 000 chrétiens), les Egyptiens (6 000 dont 1 500 coptes) et les Syriens (8 000 dont 2 000 chrétiens) ; ces musulmans sont chaféites, malékites mais aussi chiites, alaouites et druzes.

Cette troisième génération est marquée par plusieurs évolutions externes et internes. A l'extérieur, la victoire de

15. Christian LOCHON, *in L'Afrique et l'Asie modernes*, n° 65, été 1990.

La carte des mosquées

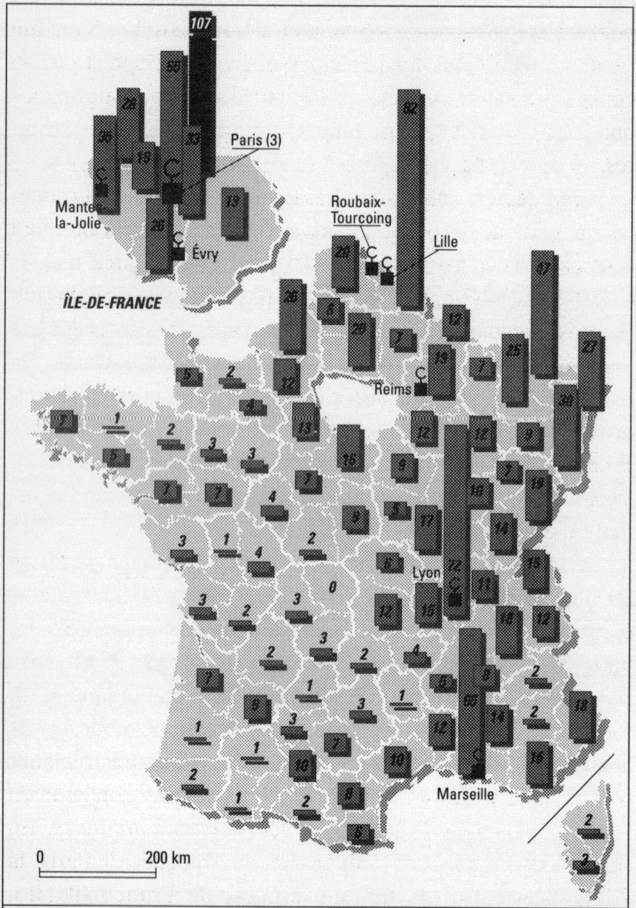

Les colonnes sont proportionnelles au nombre de mosquées et de salles de prière par département
(sauf Seine-Saint-Denis: échelle propre)

■ Mosquées de plus de 1 000 places

La France compte 8 mosquées « architecturales » (construites comme mosquées) d'une capacité de 1 000 fidèles, 120 salles de prière (200 à 1 000 fidèles), et un peu plus de 1 000 locaux aménagés.

Source : Le Monde, 13 octobre 1994.

Khomeiny à Téhéran, en 1979, accélère la montée de l'islam radical, ou islamisme, dans la plupart des Etats musulmans ; pour contrebalancer l'activisme de l'Iran, l'Arabie Saoudite finance, encore plus que par le passé, diverses associations, la construction de mosquées et l'envoi d'imams monolingues qui, le plus souvent, ne connaissent ni l'Europe, ni ses cultures, ni ses coutumes.

Parallèlement, nés en France, les enfants des deux premières générations se sont généralement francisés, contrairement à leurs parents. Bien intégrée et précisément parce qu'elle l'est, la majorité silencieuse n'est pas médiatisée. Pourtant, elle compte dans ses rangs des écrivains, des artistes, des enseignants, des avocats, des médecins, des élus locaux... En revanche, une minorité s'est réislamisée et, pour les plus jeunes, ceux des banlieues qui n'ont pas réussi (à l'instar des Français et des Portugais vivant dans les mêmes conditions), l'islam devient une revendication sociale et culturelle, l'affirmation d'une identité.

Trois chocs ont servi de révélateurs à l'image négative qu'une majorité de Français a de l'islam et du malaise éprouvé par nombre de musulmans, même bien intégrés. Le premier a été provoqué au sein de la société, fortement sécularisée et attachée à la liberté d'expression, lorsque, le 26 février 1989, un millier (chiffre au demeurant modeste) de musulmans a manifesté, place de la République à Paris, pour réclamer l'application de la *fatwa* de Khomeiny condamnant à mort Salman Rushdie, auteur des *Versets sataniques*. En outre, sept associations dont la Grande Mosquée de Paris, la Fédération nationale des musulmans de France (FNMF), l'Union des organisations islamiques (UOIF) et l'Association des étudiants islamiques (AEIF) ont attaqué en justice sur cette même affaire l'éditeur de la traduction française de l'œuvre.

Le deuxième choc s'est produit à la rentrée scolaire 1989-1990 lorsque le principal du collège de Creil a exclu deux jeunes musulmanes qui s'obstinaient à porter le *hijab*. Cette « affaire du foulard » a connu des rebondissements divers de sorte que, le 20 septembre 1994, le ministre de l'Education, François Bayrou, a adressé une circulaire aux chefs d'établissement interdisant le port de « signes ostentatoires religieux ». En fait, dans toute la France, un millier de jeunes filles porterait le « foulard » sur quelque 300 000 collégiennes et lycéennes de confession islamique. Le « bras de fer » est néanmoins emblématique à la fois pour l'Etat laïque et l'école de la République comme modèle d'intégration d'une part, et pour les musulmans, modernistes et islamistes qui s'opposent sur les deux rives de la Méditerranée.

Le troisième choc, moins médiatique et moins médiatisé (parce que plus « feutré »), touche enfin l'Etat et les musulmans de France, face aux « interventions », voire aux « tutelles » étrangères, qu'elles soient le fait des Etats ou d'associations dépendant d'eux, directement ou indirectement. Les liens de la Grande Mosquée de Paris avec l'Algérie sont de notoriété historique et publique ; pour être plus discrètes et moins connues, les initiatives (aides financières, envois d'imams, etc.) de l'Arabie Saoudite et d'autres Etats n'en sont pas moins réelles. Elles posent d'autant plus de problèmes que la communauté est fragmentée : jusqu'ici, elle n'est pas parvenue à s'organiser et l'Etat n'a donc pas pu avoir des interlocuteurs représentatifs, comme c'est le cas avec les catholiques, les protestants et les juifs (voir encadré ci-contre).

En réponse à ces chocs, des efforts sont déployés afin que l'islam *en* France devienne l'islam *de* France. Cela suppose, entre autres, que soient formés des imams français sachant le français [16] ; il faudrait aussi que les grandes figures de la civi-

---

16. Martine GOZLAN, *L'Islam et la République, des musulmans de France contre l'intégrisme*, Belfond, 1994.

CORIF OU CONAMF ?

Napoléon avait obligé les protestants (1802) et les juifs (1808) à créer des consistoires régionaux et un consistoire central établi à Paris représentant respectivement les deux communautés. Il aurait sans doute agi de même avec les musulmans s'ils avaient été alors nombreux en France. Depuis la loi de 1905 sur la séparation de l'Eglise et de l'Etat, catholiques, protestants et juifs traitent avec ce dernier à travers les chefs de leurs communautés respectives.

Il n'en va pas de même avec les musulmans. En effet, la tradition islamique qui récuse la notion de clergé et d'Eglise, la diversité des courants, les rivalités religieuses et politiques qui, souvent, les opposent sont autant de raisons qui ont empêché les membres de la *oumma* en France de s'entendre entre eux pour désigner un représentant ou un directoire qui défende leurs intérêts. Cette lacune est un problème autant pour eux que pour les pouvoirs publics.

En mars 1990, Pierre Joxe, ministre de l'Intérieur et des Cultes, a tenté d'accélérer l'organisation de la communauté en créant le Conseil de réflexion sur l'avenir de l'islam en France (CORIF), composé de quinze personnalités représentatives de la diversité géographique, sociale et religieuse des associations de musulmans. Il espérait que le CORIF se transformerait en consistoire. Ce ne fut pas le cas, même s'il a contribué à régler quelques problèmes pratiques : fixation du début du jeûne de ramadan, généralisation du « carré » des musulmans dans les cimetières, barquettes de viande *halal* dans les armées.

Après le changement de majorité, en 1993, son successeur, Charles Pasqua, n'a ni réuni ni dissous le CORIF. Il s'est appuyé sur la Mosquée de Paris et son recteur, Dalil Boubakeur, premier Français a avoir été nommé à sa tête depuis dix ans, en 1992. Ce dernier a institué, en septembre 1993, une Coordination nationale des musulmans de France (CONAMF) et créé, peu après, un Institut de formation des imams sachant le français.

La communauté reste toutefois fragmentée. Il faut compter, entre autres, avec la Fédération nationale des musulmans de France (FNMF), l'Association des étudiants islamiques de France (AEIF) et l'Union des organisations islamiques de France (UOIF) laquelle, avec le concours financier de l'Arabie Saoudite, avait la première créé une « université » pour la formation des imams à Bouteloin, dans la Nièvre.

lisation arabo-islamique soient inscrites, au même titre que celles d'autres civilisations, dans les cursus scolaires et universitaires (en histoire, philosophie, lettres modernes, sciences, etc.). En attendant, malgré les crises, les mentalités évoluent. Les deux sondages effectués par l'IFOP pour *Le Monde* en 1989 [17] et en 1994 [18] sont fort instructifs (voir encadré ci-contre et les tableaux suivants) et permettent de penser que

17. *Le Monde*, 30 novembre 1989, textes reproduits dans *L'Islam dans le monde, op. cit.*
18. Supplément « La France et l'Islam », *Le Monde*, 13 octobre 1994.

Une religion mal aimée, des fidèles mieux intégrés

La deuxième religion de France – en importance numérique – reste perçue de manière négative par les Français qui l'identifient à des notions comme « fanatisme », « soumission » ou « rejet des valeurs occidentales ». Les représentations sont exactement inverses dans la population musulmane qui crédite l'islam de vertus telles que « démocratie », « justice » ou « liberté ».

Nourrissant ainsi toutes les attitudes de méfiance mutuelle, alimentant les discours d'exclusion – entendus dans la population non musulmane autant que dans certains milieux islamiques – le fossé reste donc énorme, en raison de la persistance d'images qui confortent l'ignorance et une certaine exploitation médiatique et politique.

Mais, dès lors que cette représentation de l'islam est confrontée à une réalité concrète, visible, comme la construction d'une mosquée, à des rapports de voisinage contraints ou volontaires, et même aux habitudes de vie commune nées par exemple de mariages mixtes, on observe, au contraire, une décrispation du regard porté à la fois par les musulmans sur la France et par la France sur les musulmans. C'est la deuxième leçon de ce sondage.

Ainsi, plus des trois quarts des musulmans ne voient-ils pas d'inconvénient à ce qu'un membre de leur famille épouse un (ou une) non-musulman. La revendication en faveur d'écoles privées musulmanes est en baisse. Plus de deux musulmans sur trois pensent que l'intégration en France n'est pas contradictoire avec la pratique de l'islam, et moins d'un sur cinq que leur religion doit bénéficier, comme « en terre d'islam », d'un statut particulier. Faut-il parler de résignation ou de choix conscient ? En tout cas, une certaine acclimatation à la société sécularisée et aux lois de la République se produit. Une certaine tendance à la « privatisation » de la foi s'esquisse.

En dépit des tensions provoquées par « l'affaire du foulard » qui, dans les deux échantillons (du sondage), suscite plus d'indifférence qu'on ne pouvait l'imaginer au regard des passions soulevées, il y a peut-être là une chance de pacification des rapports, des relations plus grandes de proximité. Résumant les deux premières leçons de cette enquête, on pourrait avancer avec prudence que, si la France n'aime pas l'islam, au moins s'habitue-t-elle à la présence de musulmans sur son sol et que, si le rejet même de cette religion se confirme, il n'est pas forcément suivi par un rejet des fidèles.

Henri TINCQ, « La France et l'islam »,
Le Monde, 13 octobre 1994

l'on assiste à la formation d'un « islam à la française » [19] et, si l'on en juge par les expériences en cours dans d'autres pays, d'un « islam à l'européenne ».

19. Jeanne-Hélène, Pierre-Patrick KALTENBACH, *La France, une chance pour l'islam*, Ed. du Félin, 1991. Une enquête de l'Institut national d'études démographiques (INED) effectuée auprès de 13 000 personnes bat en brèche les préjugés ; *Le Monde* des 23 et 24 mars 1995 et Michèle TRIBALAT, *Faire France. Une enquête sur les immigrés et leurs enfants*, La Découverte, 1995.

La religion et la loi

Question : *Etes-vous favorable, opposé ou indifférent au port du voile ou du foulard pour les musulmanes qui le souhaitent dans les classes des écoles publiques ? Dans la rue ?*

	Ensemble population d'origine musulmane		Ensemble population française	
	1994 %	Rappel 1989 %	1994 %	Rappel 1989 %
Dans les classes des écoles publiques				
• Favorable	22	30	4	0
• Opposé	44	45	78	75
• Indifférent	31	22	18	17
Ne se prononcent pas	3	3	–	2
Dans la rue				
• Favorable	32	45	12	12
• Opposé	28	25	34	31
• Indifférent	38	29	54	55
Ne se prononcent pas	2	1	–	2
Total	100		100	

Question : *Pour chacune des phrases suivantes, dites si vous êtes d'accord ou pas d'accord.*

	Ensemble population d'origine musulmane	
	1994 %	Rappel 1989 %
Plus on est intégré à la société française, moins on est musulman		
• D'accord	31	33
• Pas d'accord	66	60
Ne se prononcent pas	3	7
On peut parfaitement être intégré à la société française et pratiquer la religion musulmane en privé		
• D'accord	95	93
• Pas d'accord	3	4
Ne se prononcent pas	2	3
On doit pouvoir vivre en France en respectant toutes les prescriptions de l'islam		
• D'accord	80	71
• Pas d'accord	15	21
Ne se prononcent pas	5	8
Total	100	100

Question : *Entre les mots suivants, quels sont les trois qui correspondent le mieux à l'idée que vous vous faites de l'islam ?*

	Ensemble population d'origine musulmane			
	Première réponse %	Deuxième réponse %	Troisième réponse %	Total des réponses %
• Démocratie	21	14	10	45
• Justice	17	23	16	56
• Liberté	17	13	19	49
• Promotion de la femme	14	16	11	41
• Soumission	9	8	6	23
• Fanatisme	7	4	6	17
• Rejet des valeurs occidentales	5	7	5	17
• Violence	2	4	6	12
Ne se prononcent pas	8	11	21	–

	Population d'origine française			
	Première réponse %	Deuxième réponse %	Troisième réponse %	Total des réponses %
• Fanatisme	37	16	14	67
• Soumission	24	27	16	67
• Rejet des valeurs occidentales	12	19	20	51
• Liberté	6	5	5	16
• Violence	5	11	20	36

	Population d'origine française			
	Première réponse %	Deuxième réponse %	Troisième réponse %	Total des réponses %
• Protection de la femme	5	6	3	14
• Démocratie	3	4	4	11
• Justice	2	3	5	10
Ne se prononcent pas	6	9	13	–
Total	100	100	100	*

* Total supérieur à 100 en raison des réponses multiples

Par rapport à notre questionnaire de 1989, l'échelle des propositions a changé et plusieurs réponses ont pu, cette fois, être données par les personnes interrogées sur leurs représentations de l'islam. Et pourtant, exactement comme il y a six ans, on retrouve ici un même phénomène d'images inversées. Ainsi la « justice », qui vient en tête des vertus attribuées à l'islam par l'échantillon musulman (56 % de citations), est-elle bonne dernière dans l'échantillon français. Dans une proportion supérieure à plus des deux tiers, celui-ci identifie même l'islam à une religion « fanatique ». Cela en dit long sur l'étendue du fossé qui demeure dans la représentation qu'on a de l'islam selon qu'on appartient ou non à cette religion.

Pratique en baisse

Un certain nombre de données établies par le sondage IFOP (non publiées dans ces pages) montrent un affaiblissement de la pratique des musulmans en France. Il n'y a plus qu'un petit tiers (27 %) qui se disent « pratiquants », contre 37 % dans notre précédente enquête de 1989.

La prière quotidienne est en baisse : 31 % des musulmans déclarent la faire, contre 41 % il y a six ans. Les chiffres de fréquentation de la mosquée le vendredi (16 %) restent très faibles. 60 % des musulmans interrogés disent aussi avoir jeûné cette année pendant le mois de ramadan. La consommation d'alcool (interdite dans l'islam) connaît une légère hausse : 39 %, contre 35 % en 1989. Enfin, 4 % seulement des musulmans interrogés disent avoir fait le pèlerinage à La Mecque, autre « pilier » de l'islam, mais 55 % (65 % dans la plus jeune tranche d'âge) comptent bien le faire « dans les prochaines années ».

Le Monde, 13 octobre 1994

CHAPITRE IV

Islam et idéologies

■

Dès son avènement, et tout au long de son histoire, l'islam, au message universaliste et multiracial, s'est trouvé confronté aux idéologies. Il s'est même heurté à l'une d'entre elles, née en son propre sein : l'arabisme ou nationalisme arabe. Valorisant la tradition commerçante, l'islam ne récuse pas le capitalisme mais plusieurs de ses règles sont incompatibles avec le système développé en Occident.

Il condamne sans appel le communisme athée mais est partagé à l'égard du socialisme qui a été pratiqué « de façon spécifique » dans plusieurs Etats au nom de l'intérêt général valorisé par le Prophète. La laïcité, telle qu'elle est pratiquée en France, lui est totalement étrangère. La Turquie est la seule à l'avoir officiellement adoptée mais quelques pays sont, à des degrés divers, sécularisés.

1. Islam, arabité, arabisme

L'arabité est une donnée ; à l'origine, une réalité ethnique : on naît arabe. Sémites, les Arabes se considèrent comme les descendants d'Ismaël, fils d'Abraham. Bien avant la prédication de Mahomet, ils peuplaient la péninsule arabique, la Mésopotamie (l'Irak actuel moins le Kurdistan), la Syrie et la Palestine. Selon les régions, ils parlaient deux idiomes voisins : l'araméen, fort répandu, et l'arabe. Le premier ne s'est maintenu qu'à travers le syriaque, devenu langue liturgique de quelques communautés chrétiennes, tandis que l'arabe se généralisait grâce au Coran et à l'expansion de la nouvelle religion.

L'arabisme, quant à lui, est une idéologie fondée sur un choix culturel et politique : au XXe siècle, il s'incarne dans le nationalisme arabe. En fait, il s'était affirmé dès les premières décennies de l'hégire : porteurs privilégiés du Message révélé dans leur langue, les Arabes avaient fait la symbiose entre foi et ethnie, islam et arabité. Ils estimaient (et certains estiment encore) avoir la prééminence sur les autres musulmans [1]. Ceux-ci avaient aussitôt contesté, au nom de leur religion, cette prétention à la suprématie. Les deux discours, porteurs d'ambiguités, peuvent être générateurs de conflits.

Les Omeyyades, on l'a vu, ont affiché leur arabité et imposé leur arabisme. Ils ont constitué le plus vaste empire depuis Alexandre mais les peuples soumis et/ou convertis étaient les héritiers de vieilles civilisations. Les Arabes ont donc voulu apporter la preuve de leur civilisation, des vertus de leur « race », de ses valeurs (honneur du clan, courage, générosité, hospitalité…), de leur culture. Or, ce patrimoine

1. Il est vrai que Bokhari cite ce *hadith* de Mahomet : « L'abaissement des Arabes est celui de l'islam. »

remontait à la *jahiliya*, la période païenne, dénoncée par le Coran comme étant celle de l'ignorance. Ainsi, de la pratique des concours de poésie – plus beau fleuron de la littérature arabe – mais qui demeurait profane.

Ces ambiguités n'ont donc pas échappé aux populations islamisées qui se sont prévalues de leur fidélité à l'enseignement coranique, universel et multiracial. Elles ont refusé de reconnaître la suprématie des Arabes et ont opposé à la « tradition profane » des Omeyyades, leur « patriotisme » islamique. C'est la *chu'ubiyya* que les Arabes critiquent encore de nos jours en la qualifiant d'hypocrite. Les évolutions étant complexes, on rappelle, comme précédemment, qu'au fil des siècles, des peuples non arabes ont été arabisés totalement comme les Egyptiens, ou très largement comme les Berbères du Maghreb. L'arabité est donc devenue une réalité sociologique puisque, dans leur majorité, ces peuples se déclarent arabes. Au XXe siècle, leurs chefs (Nasser, Kadhafi, Ben Bella) sont même devenus – on le verra plus loin – des hérauts du nationalisme arabe. Par contrecoup, au Maghreb, les berbérophones affirment leur identité et défendent leur culture.

Après une période d'éclipse, le renouveau de l'arabisme s'est produit dans deux foyers parallèles et antagonistes : l'Arabie avec le wahabisme et l'Egypte avec la *Nahda* [2]. Dans cette Arabie qui était largement sortie de l'histoire depuis le transfert du siège du califat de Médine à Damas, un chef de tribu, Mohamed Ibn Saoud (mort en 1765), et un théologien, Mohamed Abdel Wahab (1703-1791), signent en 1745 le « Pacte de Derriya » qui engendre un mouvement à la fois politique et religieux, arabe et musulman : le wahabisme. Son intransigeance doctrinale tranche avec la tolérance du hanafisme des Ottomans qui exercent leur tutelle sur l'Arabie

2. Henry LAURENS, *L'Orient arabe, Arabisme et islamisme de 1798 à 1945*, Armand Colin, 1993.

et les Lieux saints ; les wahabites contestent la légimité du califat d'Istanbul et s'emparent de La Mecque et de Médine.

En Egypte, Méhémet-Ali verra dans le wahabisme un adversaire de sa politique moderniste, un rival de l'islam plus ouvert de la mosquée-université Al Azhar et un danger pour la *Nahda* naissante. En 1812, afin de consolider son propre pouvoir, accroître son autonomie par rapport aux Ottomans alors en difficulté et en faire ses obligés, il leur apporte son soutien pour reconquérir La Mecque. Cette campagne a scellé la relégation des Saoud jusqu'au début du XXe siècle. A l'évidence, un fossé sépare l'esprit de la *Nahda*, articulé sur les cultures du monde, et le wahabisme qui s'est développé en vase clos, *in deserto* !

Ces deux mouvements influeront puissamment sur les évolutions religieuses, politiques et culturelles du XXe siècle. L'islamisme (traité au chapitre VI) s'opposera au nationalisme arabe qui a sa source dans la *Nahda*. Illustration de cette rivalité : les islamistes font aujourd'hui l'impasse sur la contribution des musulmans à la *Nahda* dont ils contestent l'apport, en soutenant que ses inspirateurs étaient chrétiens et ont servi de cheval de Troie à l'Occident pour abattre un Empire musulman, celui des Ottomans, et favoriser le morcellement du monde arabe.

Volontariste, l'arabisme contemporain entend être libérateur et unificateur. Du milieu du XIXe au milieu du XXe siècle, des nationalistes modernistes ont été les principaux animateurs des mouvements d'indépendance, au Machrek comme au Maghreb [3], qui se divisent en deux grands courants (opposés aux sultans de la Sublime Porte jusqu'à la chute de l'Empire ottoman).

---

3. Anouar ABDEL-MALEK, *La Pensée politique arabe contemporaine*, Le Seuil, 1975.

L'acte de naissance de l'arabité

« L'histoire du nationalisme arabe fut autant arabe, ethnique, nationale, qu'islamique, œcuménique, cosmopolite et impériale. Car c'est par l'islam que les Arabes entrèrent dans l'histoire, par l'islam que ce qui n'était avant Mahomet que tribus éparses constitua son unité en se lançant dans la conquête. Ainsi, l'hégire n'est pas seulement commencement de l'ère religieuse islamique, elle est aussi acte de naissance ethnique, culturelle, politique de l'arabité. »

Charles RIZK
Entre l'islam et l'arabisme, Les Arabes jusqu'en 1945,
Albin Michel, 1983

Le premier a été dirigé par des hommes qui entendaient libérer d'abord leur patrie des occupations étrangères et y cultivaient un nationalisme local, processus analogue dans les pays musulmans arabes et non-arabes. Rappelons, parmi les plus connus, l'Egyptien Saad Zaghloul, le Turc Atatürk, l'Iranien Mossadegh, le Pakistanais Ali Bhutto, le Tunisien Habib Bourguiba. Le second est animé par des penseurs et des dirigeants qui rêvent d'unifier l'ensemble de la « patrie arabe », de la « nation arabe », et encouragent le panarabisme face à la montée du panislamisme.

La première structure du panarabisme a été animée dès la fin des années 30 par deux Syriens qui avaient étudié en

France, le chrétien Michel Aflak (1910-1989) et le musulman Salah Bitar (1912-1980). Néanmoins, ils n'ont fondé officiellement qu'en 1947 le parti Ba'th (ou Baas, « parti de la résurrection arabe »). Son slogan : « Unité, liberté, socialisme » ; sa ligne d'action : transformer et améliorer radicalement tous les aspects de la société afin qu'elle joue pleinement son rôle dans le monde contemporain. Unitaire, le Baas ne tarde cependant pas à se diviser en deux branches rivales, celle de Syrie, dominée depuis 1970 par le président Hafez el Assad (né en 1928), et celle d'Irak dont l'homme fort, Saddam Hussein (né en 1935), est devenu chef de l'Etat en 1979. Faut-il signaler que cette fracture illustre la rivalité séculaire entre Damas et Bagdad ? Les deux régimes sont autoritaires, voire dictatoriaux, comme ceux de la plupart des Etats musulmans depuis cent cinquante ans.

La seconde mouvance a été celle des « officiers libres » égyptiens qui ont pris le pouvoir en 1952 sous l'égide du colonel Gamal Abdel Nasser (1918-1970), instaurateur de la République et du parti unique, l'Union socialiste arabe. Cette formation adopta un slogan proche de celui du Baas : « Socialisme, liberté, unité ». Le nassérisme – dont la doctrine est exposée dans la *Charte nationale* de 1962 – a bouleversé la géopolitique du monde arabe à travers la nationalisation de la Compagnie universelle du canal de Suez, et la lutte contre les anciennes puissances coloniales (France et Grande-Bretagne), « l'impérialisme américain », les pétro-monarchies du Golfe et l'organisation des Frères musulmans. La défaite de l'Egypte devant Israël, en 1967, a amorcé le déclin du nassérisme et de l'arabisme tandis que s'affirmait la montée de l'islamisme.

Ce n'est pas un hasard si le nationalisme arabe a été conçu puis s'est épanoui en Egypte, en Syrie, au Liban et en Irak, pays d'anciennes civilisations aux sociétés multiconfessionnelles. L'objectif visé consistait à faire coexister et coopérer les Arabes, musulmans ou non. Ses théoriciens et ses dirigeants intégraient l'islam en tant que religion et civilisation dans leur système de pensée et de gouvernement mais entendaient séparer la foi de la gestion de l'Etat. Ils estimaient illusoire l'unité politique du monde musulman mais jugeaient réalisable celle du monde arabe, fondée sur une communauté de langue et de culture. Pour le moment, les deux projets ont échoué, comme on le verra au chapitre V.

2. Islam et capitalisme

« Mais Dieu dispose des trésors du ciel et de la terre » (Coran, LXIII, 7). Dans ce verset, comme dans d'autres, le Coran pose un principe de base que suit la *sunna* : le droit de propriété absolu et supérieur n'appartient qu'à Dieu, éternel et tout-puissant. Sur terre, l'homme ne dispose que de l'usufruit. Cette conception métaphysique et religieuse ne s'oppose pas dans la pratique terrestre au droit de propriété dont la *charia* précise les contours : biens acquis par le travail, de façon légitime (achat, échange, don, etc.) ou par héritage [4].

Le Prophète a vécu dans un univers marchand et un système d'économie de marché. Lui-même a commercé et épousé une femme riche qui gérait ses biens. L'islam qui naît dans un milieu où ville, commerce, économie sont présents avec leur corollaire – circulation, échanges, rencontres, rassemblements – reflète bien cette réalité : le marchand, le négociant est un personnage de premier plan, estimé, honoré, respecté.

Les auteurs classiques n'ont pas élaboré de théorie économique. La *charia*, qui accorde sa préférence à l'entreprise familiale, se contente de préconiser, comme dans d'autres domaines, une éthique et un code de bonne conduite qui régissent les activités économiques et commerciales : loyauté et équité doivent présider aux rapports entre fournisseurs et clients, patrons et employés, maîtres et serviteurs.

Pour ce qui est de la terre, il existe différents modes de propriété dont les deux principaux sont : la terre et les biens immeubles *melk* que le propriétaire peut vendre, échanger ou léguer à sa guise à tout moment, et dont il perçoit les revenus ; et la terre et les biens *wakf*, ou *habous* au Maghreb (littéralement « immobilisé, « prisonnier »), que leur détenteur a

---

4. Maxime RODINSON, *Islam et capitalisme*, Le Seuil, 1972.

aliéné au profit d'une fondation. Les revenus en sont alors consacrés à des fins religieuses, de bienfaisance ou d'intérêt public (*maslaha*), conformément au contrat signé au préalable. L'indivision, largement pratiquée dans certaines régions pour éviter le morcellement et la dispersion des biens, a suscité à la longue, et suscite encore, de nombreux problèmes, parfois difficiles à résoudre.

Pour ce qui est des taxes, il est fait distinction entre la terre *'uchr*, appartenant à des musulmans qui doivent payer au titre de la *zakat* (aumône obligatoire) 10 % du rapport, et entre la terre *kharaj*, possédée par des non-musulmans qui doivent acquitter un impôt représentant, selon les cas, 20 à 50 % du revenu.

Autre aspect du droit de propriété : les restrictions apportées à l'usage individuel d'un bien en fonction de l'impératif social d'intérêt public. « En résumé, l'islam accepte la propriété privée et la propriété publique sans proposer une délimitation des domaines » [5]. Bref, Coran, *sunna* et *fiqh* confirment le droit à la propriété privée et à sa jouissance pleine et entière pourvu qu'il ne lèse pas la *oumma* et ne soit pas en conflit avec le bien public. Sur bien des points, il existe des convergences entre droit musulman et droit européen.

Tel n'est pas le cas, en revanche, pour l'usure, *riba*, condamnée par une dizaine de versets : « Dieu autorise la vente et prohibe l'usure» (Coran, II, 275 à 281) ou encore : « Tout ce que vous donnerez à usure pour augmenter vos biens ne vous produira rien auprès de Dieu » (Coran, XXX, 38). Plusieurs écoles juridiques ont étendu l'interdiction à l'intérêt. Usure et intérêt étaient d'ailleurs prohibés par l'Eglise catholique au Moyen Age.

5. Gilbert BEAUGÉ (sous la dir. de), *Les capitaux de l'Islam*, Presses du CNRS, 1990.

Les substituts au prêt à intérêt

L'interdiction du *riba* (usure) présente l'avantage – théorique – de favoriser l'investissement. En réalité, elle a surtout freiné l'émergence de places financières dignes de ce nom mais sans entraver l'activité des banques commerciales. Car des recettes infinies existent pour contourner l'obstacle. La plus courante est celle du *murabaha* (achat au comptant, vente à terme). Supposons qu'une personne veuille acquérir à crédit un bien qui coûte 100 francs. Puisque le Coran interdit le prêt avec intérêt, la banque va se substituer à l'acheteur, acquérir le matériel en son nom propre, le livrer tout de suite à son client et fixer avec lui un prix à payer ultérieurement. Si une année plus tard, la banque reçoit 105 francs, les 5 francs de différence ne seront pas considérés comme un intérêt. Ils représenteront la rémunération du risque encouru par la banque pour le temps – même s'il n'a pas dépassé une seconde – où elle a été propriétaire du bien. Les apparences sont donc sauves.

Une autre méthode est de recourir au *mudarabah* (participation au capital) et à sa variante, le *mucharaka* (association au capital). Dans ce cas, la banque n'accorde pas de crédit mais prend une participation dans le capital de l'entreprise dont elle partagera les pertes et les profits éventuels. Finalement, il ne s'agit de rien d'autre que d'une version islamique des sociétés de capital-risque telles qu'elles existent dans les pays capitalistes.

Jean-Pierre TUQUOI, *Le Monde*, 13 octobre 1994

Les ouvrages théoriques sur les fondements de l'économie islamique et ses relations avec le monde capitaliste occidental contemporain n'ont vu le jour que dans la seconde moitié du XXe siècle [6]. Quant aux expériences libérales modernes ou socialistes, elles ont été mises en œuvre tant par des nationalistes modernistes que des islamistes au contact de l'Occident et en réaction – favorable ou hostile – à son égard.

Le processus fut identique pour les banques islamiques. L'idée vit le jour vers 1940 dans la partie de l'Inde qui a formé le Pakistan actuel. Toutefois, la première institution officielle refusant l'intérêt fut la Caisse d'épargne de Mit Ghamr (Egypte), inaugurée en 1963 sous Nasser, et dont le directeur, le Dr Ahmed Al Najjar, était devenu le grand spécialiste du système bancaire islamique. Les fonds mobilisés furent considérables mais, faute de personnel suffisant et qualifié, les réalisations ne furent pas à la hauteur des dépôts, contrairement aux principes de la participation ou de l'association.

Les institutions financières islamiques n'ont véritablement pris leur essor qu'à partir de 1971, avec la création de la Nasr Social Bank (Egypte) qui récupéra plus tard les activités de la Mit Ghamr. La troisième session des ministres des Affaires étrangères de l'Organisation de la Conférence islamique (OCI), à Jeddah, en 1972, adopta *L'étude égyptienne sur les banques islamiques* (rédigée pour l'essentiel par le Dr Al Najjar) et encouragea les initiatives en ce sens. La Banque islamique de développement (Dubaï), fondée en 1975 avec la participation de quarante-quatre pays, accéléra le mouvement : constitution, en 1977, de l'Union internationale des

---

6. Citons, côté sunnite, Sayyid QOTB, *Social Justice in Islam*, 1949, traduction complète en anglais en 1955, et *La lutte contre l'islam et le capitalisme*, 1951, en arabe. Côté chiite, Muhammad BÂQER SADR, *Iqtisâdunâ* (Notre économie), Dar el Fikr, 1960, 6e éd. en 1974.

banques islamiques, sous la présidence du prince Mohamed Al Fayçal al Saoud, suivie en 1981 de la création de l'Institut international de banque et d'économie islamique.

En 1997, quelque cinquante établissements financiers ou sociétés d'investissement islamiques opèrent, drainant des dizaines de milliards de dollars. Ils sont dotés d'une instance religieuse de surveillance, mais le pouvoir de fait demeure souvent entre les mains des politiques à travers la tutelle exercée par les banques centrales des Etats. Cette nouvelle puissance financière transnationale est désormais entrée en concurrence avec les banques multinationales « capitalistes » mais les modalités permettant la compatibilité de fonctionnement des deux réseaux n'ont pas été définies. D'une façon générale, la mondialisation de la production et des échanges met en évidence les limites d'une « islamisation de l'économie » dans un environnement totalement étranger à la vision de la *charia*.

3. Islam et socialisme

Dès le début du siècle, le projet socialiste a passionné, voire fasciné, des intellectuels arabes et musulmans.

Comme pour le capitalisme, ils ont réagi aux écrits des penseurs européens et à la révolution d'Octobre qui a renversé le tsar de toutes les Russies en 1917, installé un régime communiste et constitué l'Union des Républiques socialistes soviétiques. La quasi totalité des musulmans et tous les Etats islamiques – à l'exception notable du Yémen du Sud – ont condamné le marxisme matérialiste et athée ; les républiques musulmanes de l'Union soviétique ont dû s'en accommoder jusqu'à l'éclatement de l'empire, de même que l'Albanie jusqu'à la chute du régime communiste.

Pourtant, dès le début des années 20, des partis communistes (PC) ont été fondés, parfois dans la clandestinité, en plusieurs pays dont la Turquie, l'Iran, l'Egypte, la Syrie, l'Irak, la Tunisie. Là comme ailleurs (du Soudan à l'Indonésie) les PC ont été interdits à un moment ou à un autre, leurs militants arrêtés, souvent torturés, parfois exécutés. Ainsi le grand poète turc Nazim Hikmet (1902-1963), petit-fils de pacha, a été condamné en 1925 et 1928 à 56 ans de prison pour propagande communiste ; il n'a dû qu'à son exil à Moscou le fait de n'en purger qu'une partie. Le chah d'Iran a pourchassé les dirigeants du parti Toudeh jusqu'à sa chute, en 1979 ; la République islamique a liquidé les survivants.

Tout en suivant les enseignements de Marx et de Lénine, les communistes ont souvent cherché une légitimité dans l'histoire de l'islam. Ainsi, en Irak, marxistes et syndicalistes ne manquent pas de rappeler que leur pays est terre de contestation depuis Ali. Ils se réclament de la révolte des esclaves Zendj, au IXe siècle, dans la région de Bassorah, en faveur de l'égalitarisme social, et tout autant du soulèvement, au siècle suivant, des Qarmates. Ces derniers, sectateurs chiites, instaurèrent un rituel initiatique de compagnonnage, pratiquèrent le « terrorisme révolutionnaire » et fondèrent en Irak et à Bahrein un Etat communautaire. Leur doctrine, qualifiée de « communisme initiatique », les dressa contre le califat qu'ils mirent en péril ; ils s'emparèrent de la Pierre Noire de La Mecque et ne la rendirent que vingt ans plus tard, en 951.

Plus près de nous, au XXe siècle, Sultan Galiev (1880-1940), fils d'un instituteur tatar, a rêvé de concilier communisme et islam. Se qualifiant de « bolchevik musulman », il fut un des principaux dirigeants du Comité socialiste musulman qui avait trois objectifs : la lutte sociale caractérisée par l'élimination de la féodalité tatare et du traditionalisme musulman, la libération nationale des musulmans de la domination russe, l'extension du socialisme à toute la *oumma*. Traité de « trotskyste musulman », il fut jeté en prison par Staline en 1928 et disparut un an après avoir été libéré. Ses thèses sur le rôle de l'armée, les « nations prolétaires », les alliances anti-impérialistes, la révolution socialiste à l'intérieur de la révolution nationale, ont été reprises par nombre de révolutionnaires, dont Mao Zédong, et des dirigeants du Tiers-Monde, y compris des musulmans [7].

Par rapport à l'ensemble du monde islamique, les Arabes ont fourni le plus grand nombre de théoriciens et d'hommes politiques qui ont traité du socialisme et de ses relations avec le nationalisme et le marxisme. Citons, entre autres, pour la première moitié du XXe siècle, le Tunisien Tahar Haddad (1899-1935), syndicaliste et ardent féministe ; Salama Moussa (1887-1958), fondateur du socialisme égyptien dont la revue, *Al Magalla al Gadida*, fondée en 1930, a été, selon Anouar Abdel-Malek, « le creuset de la pensée radicale égyp-

---

7. Alexandre BENNIGSEN, Chantal LEMERCIER-QUELQUEJAY, *Sultan Galiev. Le père de la révolution tiers-mondiste*, Fayard, 1986.

tienne jusqu'à la Seconde Guerre mondiale [8]» ; les baassistes syriens Michel Aflak et Salah Bitar, déjà nommés…

Dans la seconde moitié du siècle, plusieurs Etats musulmans se sont officiellement réclamés du socialisme (Syrie, Irak, Libye, Algérie, Sénégal…) mais c'est l'Egypte nassérienne qui a été la première à l'appliquer et qui, à bien des égards, a servi de modèle. Des intellectuels ont certes été sollicités mais c'est surtout les dirigeants qui ont exposé leur conception du socialisme et de sa mise en pratique, en premier lieu dans les discours : ceux de Nasser, tous thèmes confondus, frôlent les six mille pages ; ceux de Hafez el Assad, de Saddam Hussein et de Houari Boumediène ont également été publiés, en partie ou en totalité. Certains ont fait paraître de « petits livres » : *Le Livre Vert, Troisième théorie universelle* (1975) de Kadhafi a été distribué dans le monde entier ! Enfin, ces hommes politiques ont inspiré des textes collectifs comme la *Charte nationale* (1962) d'Egypte, *La Charte* (1976) d'Algérie ou des chartes baassistes.

Tous ces régimes ont eu quelques traits communs : condamnation du matérialisme et de l'athéisme, rejet de la théorie de la lutte des classes car tous les citoyens de la Nation arabe doivent bénéficier du progrès et du développement, recherche d'une légitimité islamique. Ainsi, le chrétien Michel Aflak affirmait que « le souffle du Prophète animera toujours le nationalisme arabe » et le musulman Nasser que « Muhammad fut l'imam du socialisme » (voir page 116). Même si certains ont précisé qu'ils appliquaient un « socialisme spécifique » ou qu'ils incarnaient « la voie arabe au socialisme », tous ont souligné le caractère scientifique de leurs options.

Un des théoriciens baassistes, le Syrien Elias Farah, a écrit : « La cause arabe se trouve être au cœur de la révolution

---

8. Anouar ABDEL-MALEK, *La pensée politique…, op. cit.* L'auteur est lui-même un théoricien du socialisme et du nationalisme.

L'islam, première expérience socialiste

« La Charte a souligné que le socialisme scientifique est la forme appropriée au vrai principe du progrès. [...] On a prétendu que le socialisme scientifique est marxiste et signifie athée [...]. On s'est demandé ce qu'est le socialisme scientifique alors que le nôtre est arabe. Dire cela est faire preuve de mauvaise foi [...]. Si nous voulons un socialisme véritable, un socialisme sain, il faut l'établir de façon scientifique [...]. Notre socialisme [...] n'est certainement pas matérialiste, [...] nous n'avons jamais dit qu'il était marxiste ou que nous avions renié notre religion. Nous avons déclaré que notre religion était une religion socialiste et que l'islam, au Moyen Age, a réussi la première expérience socialiste dans le monde. »

Gamal Abdel NASSER, 12 novembre 1964,
in P. BALTA, C. RULLEAU, *La vision nassérienne*,
Sindbad, 1982

mondiale, partie intégrante de la révolution planétaire. (Son socialisme est) scientifique, dialectique et historique [9]. » Il a en commun avec les partis socialistes occidentaux, selon lui, la volonté de combattre les méfaits de la pauvreté, de la mala-

9. *L'évolution de la pensée socialiste du Ba'th*, Dar el Talia, Beyrouth, 1973, (en arabe).

die, de l'ignorance et des intérêts égoïstes ; principes que l'on trouve dans l'islam. Au demeurant, quand ces régimes socialistes ont procédé à des nationalisations – y compris des biens *wakf* –, ils se sont référés implicitement ou explicitement à la notion de « bien public » et d'« intérêt général » prévue par la *charia*. Les religieux traditionalistes et conservateurs ont condamné ces mesures.

La plupart de ces expériences « socialistes arabes » ont tourné court. Pressions internationales, mondialisation de l'économie, crises pétrolières, rivalités régionales, tensions internes, en sont les principales causes. En Egypte, le président Anouar el Sadate a enterré, en 1974, le socialisme nassérien au profit de l'*Infitah*, «l'ouverture » (à l'économie de marché). En Irak, le IXe Congrès du Baas, en juin 1982, a restitué au secteur privé de nombreux domaines d'activités. En Algérie, le président Chadli Bendjedid a fait approuver, en 1989, une Constitution qui représentait un virage à 180° par rapport à celle de Boumediène de 1976 : abandon du socialisme, de l'option tiers-mondiste et du parti unique.

Depuis le reflux de l'arabisme et la montée de la vague islamiste, il est dans l'air du temps de mettre l'accent sur l'adéquation entre islam et économie de marché. C'est oublier le courant du socialisme islamique représenté par le Syrien Youssef Sibaï et surtout l'Egyptien Sayyid Qotb (1906-1956), théoricien des Frères musulmans, pendu par le régime nassérien. Ses deux livres sur l'économie [10], parus sous la monarchie, préconisent : réforme agraire, expropriations, nationalisations, étatisation de l'économie au nom du bien public, impôt sur le revenu progressif et sur les grandes fortunes [11]. Ce programme a été largement mis en pratique par les

---

10. Cités page 111.
11. Olivier CARRÉ, *Lecture révolutionnaire du Coran par Sayyid Qotb, Frère musulman radical,* Le Cerf/FNSP, 1984.

Boumediène et l'islam

« Les expériences humaines, dans nombre de régions du monde, ont démontré que les liens spirituels, qu'ils soient islamiques ou chrétiens, n'ont pu résister devant les coups de boutoir de la pauvreté et de l'ignorance, pour la simple raison que les hommes ne veulent pas aller au paradis le ventre creux. C'est là le fond du problème. Un peuple qui a faim n'a pas besoin d'écouter des versets. Je le dis avec toute la considération que j'ai pour le Coran que j'ai appris à l'âge de dix ans. Les peuples qui ont faim ont besoin de pain, les peuples ignorants de savoir, les peuples malades d'hôpitaux. »

Houari BOUMEDIÈNE
Sommet islamique de Lahore, février 1974

nassériens, à cette différence près qu'ils se sont inspirés moins de l'islam que du droit moderne. En outre, sur l'impôt, Qotb a fait une interprétation audacieuse de la *zakat* et sur les autres points, il sollicite le Coran et la *charia* d'une façon qui ne l'est pas moins. Ses vues sont à l'opposé de celles de nombre de Frères musulmans et autres *islamistes*, partisans de la libre entreprise.

Plus classique, l'ouvrage de l'ayatollah Bâqer Sadr représente un effort de théorisation d'autant plus méritoire que l'auteur, homme de vaste culture, avait pris la peine de lire et Marx et les tenants du capitalisme occidental contemporain. Après avoir réfuté le communisme et le capitalisme en évitant de recourir aux clichés habituels, il s'efforce de tirer de l'islam une « école économique ».

La tentative est originale et comporte des vues nouvelles sur les moyens d'adapter au monde moderne le caractère social de l'islam. Néanmoins, il ressort de sa conclusion que l'« école économique islamique », telle qu'il la conçoit, ne pourra effectivement fonctionner que dans un Etat islamique véritable qui reste à édifier [12].

---

12. Un excellent dossier de soixante-cinq pages lui a été consacré dans *Les Cahiers de l'Orient*, n° 8-9, 1987-1988.

4. Islam et laïcité

La laïcité, selon le *Petit Larousse*, est un « système qui exclut les Eglises de l'exercice du pouvoir politique ou administratif et, en particulier, de l'organisation de l'enseignement public ». Cette conception est totalement étrangère à l'islam. Les musulmans ne manquent pas de faire observer que la façon dont la France comprend et applique la laïcité est singulière en Europe, et même dans le monde occidental puisque d'autres Etats, de tradition catholique ou protestante, n'établissent pas une séparation aussi rigoureuse entre spirituel et temporel, entre pouvoir politique et pratique religieuse. Les islamistes vont même jusqu'à s'étonner qu'il puisse exister un « intégrisme laïc » et des « laïcistes intégristes » !

Ces précisions apportées, force est de constater que l'Occident est de plus en plus sécularisé et que les pays qui le composent acceptent un ensemble de principes découlant du droit naturel, considérés comme universels. Or, si quelques Etats musulmans y ont souscrit, d'autres ont formulé des réserves et certains, comme l'Iran, les ont même vigoureusement contestés. Un exemple permet d'illustrer les malentendus qui existent entre islam et sécularisation [13].

L'Assemblée générale des Nations Unies avait adopté, le 10 décembre 1948, la Déclaration universelle des droits de l'homme, qui n'avait pas de valeur juridique contraignante. Deux textes destinés à donner un caractère obligatoire aux principes énoncés ont donc été votés les 3 janvier et 25 mars 1976. Le premier porte sur les droits économiques et sociaux, le second sur les droits civils et politiques. Les Etats musul-

13. Joseph MAÏLA, « Les droits de l'homme sont-ils impensables dans le monde arabe ? », *in Les nouvelles questions d'Orient*, Hachette Pluriel-Les Cahiers de l'Orient, 1991.

mans les ont votés en émettant des réserves (le Vatican également, mais pas sur les mêmes points), en particulier sur trois articles : le 16, qui prévoit la liberté de mariage – or, l'islam interdit à une femme d'épouser un non-musulman ; le 17, qui reconnaît à l'homme le droit de propriété – or, on l'a vu, pour l'islam, la propriété absolue appartient à Dieu ; enfin, le 18 qui prévoit la liberté de conscience et celle de changer de religion – or, le musulman qui apostasie est passible de la peine de mort.

Le 19 septembre 1981, une *Déclaration islamique universelle des droits de l'homme* a été proclamée à Paris, à l'initiative du Conseil islamique pour l'Europe. De son côté, l'Organisation de la Conférence islamique, dont le siège est à Jeddah, a élaboré la même année un projet de *Déclaration islamique des droits de l'homme* qui a fait l'objet de reports successifs jusqu'à son adoption, le 5 août 1990, au Caire, par la XIXe session des ministres des Affaires étrangères de l'OCI.

Les deux textes ont une philosophie identique : les droits de l'homme découlent de ses devoirs envers Dieu et de la volonté de ce dernier. S'ils reprennent la plupart des notions figurant dans la Déclaration de l'ONU, ils en limitent la portée en précisant : « à condition qu'elles soient conformes à la Loi » (« Loi » correspondant à *charia* du texte arabe).

A la veille du Sommet de l'OCI, à Dakar, en décembre 1991, la Commission internationale des juristes, animée par un juriste sénégalais musulman de renom, Adama Dieng, publiait un communiqué critique à l'égard du second projet qui devait être soumis à l'approbation des chefs d'Etat. Commençant par noter qu'en « faisant de façon systématique référence à la *charia* (Loi) islamique, ce projet est pour le moins préoccupant », il relevait ensuite qu'il « introduit, et au nom de la défense des droits de l'homme, une discrimination intolérable à l'égard à la fois des non-musulmans et des femmes » et « revêt un caractère délibérément restrictif quant à l'exercice de certains droits et libertés fondamentaux, au point que certaines dispositions sont en deçà des règles de droit en vigueur dans nombre de pays musulmans ». Il rappelait enfin que « produit de l'histoire, la *charia* islamique est, aux yeux de nombre de juristes musulmans, un droit qui, pour l'essentiel, doit être adapté aux exigences de l'époque, aux conceptions juridiques contemporaines et aux instruments juridiques internationaux »[14].

Cette réaction, la mobilisation des ligues des droits de l'homme dont celle de Tunisie (la première à avoir été constituée dans le monde arabe en 1976-1977), les hésitations de certains chefs d'Etat ont finalement incité le Sommet de l'OCI à ne pas entériner le texte mais il pourrait l'être par un autre, ultérieurement. Ce débat, de même que ceux regardant la démocratie, le statut de la femme, la science, la technologie, les relations avec l'Occident (sujets traités aux chapitres V et VI) déchirent le monde musulman. Ils opposent modernistes et traditionalistes, sécularistes et islamistes, partisans de la réouverture de l'*ijtihad* et tenants de la *charia* comme unique source du droit en Islam.

L'Empire ottoman agonisant était tiraillé entre deux forces : le panislamisme et le pantouranisme, ou panturkisme (projet d'une « patrie turque » regroupant les turcophones de la Bulgarie à la Chine en passant par l'Asie centrale). Rêvant de modernisation, les jeunes Turcs se fourvoyèrent et finirent par se partager entre les deux courants. L'Empire et le califat ayant reçu le coup de grâce en 1918, un homme entra dans l'histoire le 22 juin 1919 : Mustapha Kémal (1880-1938) lance une proclamation dénonçant la politique de la Sublime Porte. Surnommé Atatürk, le « père des Turcs », il a eu le

14. Khémaïs CHAMMARI, « Pour un observatoire méditerranéen des droits de l'homme », *in La Méditerranée réinventée*, La Découverte-Fondation René Seydoux, 1992.

génie de sauver ce qui pouvait l'être – la Turquie dans ses limites actuelles – et de poser les bases d'un Etat moderne fondé sur le nationalisme et la laïcité.

Admirateur de la Révolution de 1789 et, plus encore, de Napoléon, l'énergique général rénove le pays de fond en comble : il abolit le sultanat (1922) et, après avoir proclamé la République (1923), le califat (1924). Méthodiquement, il combat les religieux jugés rétrogrades, interdit l'enseignement traditionnel des *madrasa* (écoles coraniques), abolit les tribunaux islamiques et ordonne la rédaction de codes juridiques calqués sur ceux de l'Europe, entraînant la disparition de la polygamie, des harems, du voile, de l'inégalité devant l'héritage et de la répudiation des femmes qui deviennent électrices et éligibles. Il impose aux hommes le costume occidental, substitue l'alphabet latin aux caractères arabes, modernise la langue et transfère la capitale d'Istanbul à Ankara, au cœur de l'Anatolie, berceau des Turcs de Turquie [15].

La tradition ottomane a sans doute contribué au succès du kémalisme : pouvoirs temporel et spirituel se confondaient, certes, en la personne du sultan, chef du califat, mais le premier avait la prééminence. En effet, conformément au rite hanafite – le plus ouvert mais aussi le plus attaché à la stabilité politique – le premier devoir des croyants était d'assurer la pérennité de l'Etat, défenseur de l'islam face à l'Europe chrétienne, et du sunnisme face à l'Iran chiite. L'Etat contrôlait les nominations des religieux qui légitimaient en retour son action dans leurs prêches et dans leurs *fatwa*.

A l'inverse, en Iran, mollahs et ayatollahs ont toujours vécu des dons des fidèles et ont joui, de ce fait, d'une réelle indépendance à l'égard du Trône du Paon. Emule d'Atatürk, Reza Khan, commandant des Cosaques, père du chah démis

15. Jean-Paul ROUX, *Histoire des Turcs. Deux mille ans du Pacifique à la Méditerranée*, Fayard, 1984.

en 1979, a également rêvé d'une république avant de fonder une dynastie. Il a lui aussi combattu les religieux et entrepris une modernisation à marche forcée du pays ; mais ni lui ni son fils, Mohamed-Reza chah, n'ont réussi à le laïciser.

La Turquie est le seul Etat musulman à avoir officiellement opté pour la laïcité et à l'avoir mise en œuvre. Autre cas original : la République populaire et démocratique du Yémen (Yémen du Sud) qui a adopté, en 1970, une Constitution marxiste-léniniste impliquant la laïcité. Elle avait adopté cette démarche pour des raisons autant géopolitiques qu'idéologiques et tribales. Cette option n'a pas survécu à l'éclatement de l'Union soviétique. D'autres Etats pratiquent, à des degrés divers, la sécularisation : c'est le cas, entre autres de l'Irak et de la Syrie.

L'Indonésie, qui compte plus de 200 millions d'habitants, dont près de 85 % sont musulmans, est théoriquement « la plus grande nation musulmane ». Du moins en nombre car, dans leur majorité, les croyants sont qualifiés de « musulmans statistiques », leur pratique religieuse restant limitée malgré les offensives des islamistes. S'affirmant « ni religieux ni séculier », l'Etat a imposé sa propre doctrine, la *Pancasilla*, qui repose sur cinq principes : croyance en un seul Dieu, démocratie, progrès social, unité nationale et humanitarisme [16].

---

16. Collectif, *L'Islam en Indonésie, études interdisciplinaires sur le monde insulindien*, CNRS-INALCO, 1985.

CHAPITRE V

Islam et modernité

■

Confronté à la modernité occidentale et à celle, en gestation, du « nouvel asiatisme », le monde musulman est partagé, déchiré. Déchiré entre les exigences de la oumma *et celles de l'Etat-nation, entre l'idéal de l'unité islamique ou arabe, et la nécessité de regroupements régionaux.*

Il hésite sur les moyens à employer pour rattraper son retard dans le domaine des sciences et de la technologie, sur la meilleure façon de s'insérer dans l'économie mondiale dont il ne respecte pas toujours la logique. Enfin, traditionalistes et modernistes mènent depuis un siècle, sinon plus, un âpre combat sur le statut de la femme. Les déchirements sont de tous ordres : psychologiques, culturels, sociologiques, politiques.

Depuis le XIXe siècle, les réformistes musulmans et, par la suite, les nationalistes et les socialistes ont cherché à « moderniser l'islam » ; les islamistes leur reprochent d'avoir échoué et prétendent « islamiser la modernité », pour reprendre l'expression d'un dirigeant afghan. Peuvent-ils réussir ?

1. *Oumma*, Etat, nation

A la solidarité tribale, Mahomet avait substitué celle des fidèles de la *oumma*, de la communauté de tous les musulmans. Il en fut certes le chef religieux, politique et militaire mais le concept de l'Etat, le mot même, *dawla*, ne figure pas dans le Coran. Le Livre reconnaît, en revanche, les civilisations, dans un esprit d'ouverture : « Si nous avons fait de vous des peuples et des tribus, c'est afin que vous vous connaissiez mutuellement » (XLIX, 13). Ce verset contredirait donc la conception élaborée ultérieurement du *Dar el islam*, appelé à conquérir et à convertir progressivement l'ensemble du *Dar el harb*.

De même, la théorie du califat est postérieure à la mort du Prophète. Les théologiens sont d'accord sur le caractère obligatoire du califat « pour faire respecter les dispositions de la *charia*, commander les armées, marier les orphelins et répartir le butin entre les musulmans ». Toutefois, si les écoles juridiques estiment, dans leur majorité, qu'il ne doit y avoir qu'un seul calife pour toute la communauté, d'autres, dont les chiites et les zaïdites, admettent que plusieurs califes ou imams puissent être à la tête de différentes régions. Enfin, les Ottomans conservent le califat mais substituent le titre de sultan à celui de calife.

Le *Dar el islam* était – jusqu'aux colonisations européennes – un territoire à l'intérieur duquel tout musulman devait pouvoir, en principe, circuler librement. Etat, nation, frontière, démocratie [1] : autant de notions élaborées lentement en Europe et étrangères à l'islam classique. Le système du *milla*, aménageant aux minorités une place dans le projet collectif au service du prince a fonctionné *grosso modo* de façon satisfai-

1. Rémy LEVEAU, « Etat, nation, peuple, frontières », *in Les nouvelles questions d'Orient*, Hachette-Les Cahiers de l'Orient, 1991.

sante dans l'empire ottoman jusqu'au XIXe siècle. Toutefois, face à l'Europe et sous son influence, directe ou indirecte, les empires étaient tentés par la centralisation tandis que, parallèlement, les minorités revendiquaient un statut de nations indépendantes.

La plupart ont fini par l'obtenir, à quelques exceptions près dont la plus notable est celle des Kurdes : partagés entre deux empires, l'ottoman et le perse, ils sont, depuis le milieu des années 20 et alors qu'ils ont toutes les caractéristiques d'une nation, répartis entre cinq Etats : Turquie, Iran, Irak, Syrie et ex-Union soviétique [2].

Les puissances coloniales – principalement Grande-Bretagne, France, Espagne, Italie, Pays-Bas – ont tracé, parfois arbitrairement et au cordeau, des frontières qu'ils ont voulu étanches pour préserver leurs zones d'influence politique et culturelle et leurs intérêts économiques. Au lendemain de la Première Guerre mondiale, on se trouvait devant trois cas de figure : les colonies assimilées à la métropole (comme l'Algérie française divisée en trois départements), ou sous administration directe comme l'Indonésie ; les protectorats (Tunisie, Maroc, etc.) et les pays sous mandat (Liban, Syrie, Palestine), comprenant aussi des royaumes créés plus ou moins artificiellement par Londres (Transjordanie, Irak, émirats du Golfe). La plupart d'entre eux ont pratiqué le multipartisme et le système parlementaire.

Entre la fin de la Seconde Guerre mondiale et 1971 (indépendance des émirats du golfe Persique), les pays musulmans qui n'étaient pas encore indépendants le sont devenus en adoptant, bon gré mal gré, le statut d'Etat-nation. Cette situation nouvelle comportait des contradictions de toutes sortes qui ont entraîné des difficultés pour eux à se doter d'institu-

---

2. Christiane MORE, *Les Kurdes aujourd'hui*, préface de Maxime RODINSON, L'Harmattan, 1984.

tions modernes conçues par l'Europe, et à s'y adapter, comme le montrent les exemples suivants.

Au sein de l'Empire des Indes, Mohamed Ali Jinnah, chef de la Ligue musulmane depuis 1928, défendait la *Théorie des deux nations*, face au *pandit* Nehru qui voulait créer un Etat excluant la discrimination religieuse, raciale ou sociale. Jinnah, qui redoutait de se placer sous la houlette de la bourgeoisie hindoue plus dynamique que la musulmane, finit par opter pour la partition en 1947. Le Pakistan, ou « pays des purs », alors composé de deux provinces distantes de 1700 kilomètres, se présentait comme « la plus grande nation musulmane du monde » et se voulait le refuge des croyants « aux deux ailes de l'Asie méridionale ». Ses dirigeants avaient la conviction que la religion serait un ciment assez puissant pour maintenir unies deux ethnies n'ayant – l'islam excepté – ni les mêmes références culturelles, ni les mêmes intérêts, ni le même développement. Les réalités ont eu raison de l'idéologie : cet Etat a éclaté en 1971, la province occidentale conservant le nom de Pakistan et l'orientale devenant le Bangladesh [3].

Au Proche-Orient, en 1945, les sept pays alors indépendants (Arabie Saoudite, Egypte, Irak, Jordanie, Liban, Syrie, Yémen) ont créé la Ligue des Etats arabes dont le siège est au Caire [4]. Mais leurs orientations allaient de la république (Liban, Syrie), à la monarchie parlementaire (Egypte, Irak) en passant par la monarchie fondamentaliste (Arabie Saoudite) qui conteste le concept de démocratie : pour elle – comme pour d'autres, comme on le verra au chapitre VI –, le pouvoir est de droit divin, contrairement aux systèmes démocratiques

---

3. *L'islam dans le monde, op. cit.*
4. Les nationalistes avaient accusé la Grande-Bretagne d'avoir suscité cette initiative pour tirer les ficelles en coulisses. Le Baas voulait créer en contrepoint une Ligue populaire arabe.

où il est de droit humain, ce qui implique, entre autres, l'alternance. Manifestation encore de ces divergences : la création en 1971, à l'initiative de Riyad, de l'Organisation de la Conférence islamique (OCI) dont le siège est à Jeddah et qui compte une cinquantaine d'Etats dont ceux de la Ligue arabe, forte en 1996 de vingt-deux membres.

Contradictions enfin entre l'arabisme militant des baassistes et des nassériens, hostiles aux monarchies, qui voulaient réaliser l'unité du Golfe à l'Atlantique, et le nationalisme « patriotique » et « local » des nouveaux Etats-nations qui entendaient se consolider en priorité. L'échec de l'arabisme « romantique », patent depuis la mort de Nasser en 1970, a été confirmé par cette déclaration de Saddam Hussein en 1982 : « Les Irakiens pensent maintenant que l'unité arabe ne pourra être réalisée qu'après une claire délimitation des frontières entre tous les pays [...] Le fait de lier l'unité à la suppression des frontières n'est plus acceptable pour la mentalité arabe actuelle. »

Des regroupements régionaux, plus réalistes et moins ambitieux que les « unions totales » entre deux ou trois pays, ont été lancés et ont connu des fortunes diverses. Le Conseil de coopération du Golfe (Arabie Saoudite, Bahrein, Emirats arabes unis, Koweït, Oman, Qatar), dominé par Riyad, a résisté au temps depuis 1981 malgré quelques dissensions entre des Etats. L'Union du Maghreb arabe (Algérie, Libye, Maroc, Mauritanie, Tunisie), constituée en 1989, est bloquée par la situation en Algérie et l'embargo imposé à la Libye en 1992, ce qui n'a pas empêché l'Egypte de demander à y adhérer en novembre 1994 ; en revanche, le Conseil de coopération arabe (Egypte, Jordanie, Irak, Yémen) a éclaté avec la crise du Golfe en 1990, après moins d'un an d'existence.

De son côté, la Turquie a suscité, en 1991, la création de la Communauté économique de la mer Noire (Arménie, Azerbaïdjan, Bulgarie, Géorgie, Grèce, Moldavie, Roumanie,

Russie, Turquie et Ukraine) [5] ; elle intensifie également ses relations avec les Républiques turcophones ex-soviétiques qui ont renoncé au rêve pantouranien au profit de la constitution d'Etats-nations indépendants dont les nouvelles options démocratiques ne sont pas probantes.

Le parti unique instauré en Egypte par le colonel Nasser avait fait école dans nombre de pays musulmans où l'armée avait aussi pris le pouvoir (Algérie, Indonésie, Niger, Pakistan, Soudan, Syrie, etc.). Quelques militaires ont appliqué une politique socialo-moderniste fondée sur un populisme développementaliste [6] (Boumediène, 1965-1978, en Algérie, Kadhafi en Libye, Assad en Syrie, etc.), alors que d'autres comme Zia ul Haq (1977-1988) au Pakistan ou Nemeiry au Soudan (en 1983) ont rétabli la *charia*. A partir du milieu des années 70, plusieurs régimes ont troqué le parti unique contre le multipartisme : Egypte, Tunisie, Pakistan et, plus récemment, nombre de Républiques musulmanes de l'ex-Union soviétique. Ces pays sont entrés dans une phase de « transition démocratique », selon l'expression des politologues : en effet, le parti unique a cédé la place, sous une nouvelle appellation, à une formation dominante qui organise des élections que les groupes d'opposition n'ont aucune chance de gagner, l'alternance – élément fondamental du processus démocratique – n'étant pas vraiment à l'ordre du jour.

Les émirats du golfe Persique (ainsi qu'un autre sultanat pétrolier comme le Brunéi, dans l'Insulinde) sont également confrontés à la modernité sous divers angles. Après les avoir utilisés comme relais sur la route des Indes, la Grande-Bretagne en a pris le contrôle au début du XXe siècle en raison de

5. « La zone de coopération économique des pays riverains de la mer Noire », *in Cahiers d'études sur la Méditerranée orientale et le monde turco-iranien*, CEMOTI, n° 15, 1993.
6. Néologisme formé par des économistes et des sociologues pour qualifier un développement planifié et à marche forcée mais pas toujours adapté.

leurs richesses en hydrocarbures. A part le Koweït qui a accédé à l'indépendance en 1961, les autres émirats (Bahrein, Etats des Emirats arabes unis – sept au total –, Oman et Qatar) n'y ont accédé qu'en 1971. Les familles régnantes sont alors passées en quelques années de la pauvreté à l'opulence (les PNB par tête et par an allaient, en 1996, de 9 000 à 25 000 dollars) et du statut tribal à celui de membre de l'ONU.

Peu peuplés, manquant de cadres, les émirats, ainsi que l'Arabie Saoudite, ont dû faire appel à la main-d'œuvre et à la « matière grise » étrangères. Arabes, Asiatiques et Occidentaux représentent de 30 % de la population totale (Arabie Saoudite) à 60 % (au Koweït), voire 75 % (Emirats arabes unis, Qatar), avec tous les problèmes qui peuvent en découler pour l'identité du pays d'accueil et pour les « accueillis ». Redoutant, à partir de la guerre Irak-Iran, en 1980, les influences de l'arabisme et de l'islamisme, ils ont réduit la proportion des travailleurs arabes (Palestiniens, Jordaniens, Egyptiens, Soudanais, Syriens, Libanais et quelques Maghrébins) et musulmans asiatiques (Pakistanais, Indiens, Bengalais) au profit des chrétiens (Philippins, Indiens du Kerala), des bouddhistes et des confucianistes (Corée du Sud, Thaïlande, etc.). Ces immigrés ne bénéficient guère de garanties sous le rapport des droits de l'homme, même islamiques : leur passeport reste entre les mains de leur « sponsor » (parrain local) et ils sont immédiatement rapatriés à la moindre incartade.

Alliés à l'Occident, ces pays ont – à la demande de ce dernier qui voyait là un moyen de recycler les pétro-dollars – procédé à des achats massifs d'armements et à une surindustrialisation qui a imposé l'« importation » de travailleurs. A la veille de la guerre du Golfe (1991), leurs capitaux placés aux Etats-Unis et en Europe s'élevaient à quelque 500 milliards de dollars, alors que la dette des autres pays arabes atteignait 208 milliards de dollars. Ces derniers reprochent d'ailleurs aux premiers de n'avoir que très médiocrement contribué à leur développement et à celui des « pays-frères ».

La capitale de chacun de ces émirats est devenue une Cité-Etat. Elles sont, selon la description du géographe André Bourgey, des « villes-champignons » (Abou Dhabi est passée de 4 000 habitants en 1962 à 600 000 en 1994), des « villes chantiers » (on démolit tous les dix ou quinze ans les quartiers jugés démodés pour les reconstruire) ; des « villes-pour-l'auto » (plus proches de celles de Californie que de la cité musulmane traditionnelle), des « Villes-Tour-de-Babel ».

2. Science et technologie

Depuis qu'il a été créé, en 1901, le prix Nobel [7] a été décerné à quelque six cents lauréats. Le monde musulman ne l'a obtenu qu'à quatre reprises. Deux pour la Paix : le premier, en 1978, partagé entre feu le Président égyptien Anouar el Sadate et le Premier ministre israélien, Menahem Begin ; le deuxième, en 1994, partagé entre Yasser Arafat, président de l'Autorité palestinienne, Itzhak Rabin et Shimon Peres, respectivement Premier ministre et ministre des Affaires étrangères d'Israël. Le Nobel de littérature est allé au romancier égyptien Naguib Mahfouz en 1988 ; et le seul Nobel scientifique (physique théorique) a été attribué, en 1979, au Pakistanais Abdus Salam [8], mort en 1996.

Ce constat illustre le retard accumulé depuis plusieurs siècles (voir chapitre II). Le physicien a d'ailleurs expliqué lui-même, de façon pathétique, en recevant son prix à Stockholm, comment il avait été acculé « à un choix cruel entre la physique et le Pakistan » : ou il restait dans son pays et y végétait, faute de moyens, ou il retournait à Cambridge poursuivre les travaux qui lui ont apporté la gloire. Transformé en « missionnaire de la science », il a prononcé de nombreuses conférences dans les pays musulmans pour les presser de renouer avec leur âge d'or et de former des scientifiques. Il notait, dès 1984, qu'Israël (4 millions d'habitants) disposait, dix ans plus tôt, de 34 800 chercheurs et scientifiques et avait pour objectif d'en avoir 86 700 (+ 150 %) en 1995, alors que le monde musulman (un milliard de personnes) n'en recensait que 45 100, sans parler, il est vrai, de tous ceux qui avaient émigré définitivement, le plus souvent en Occident.

---

7. De chimie, de littérature, de la paix, de physiologie ou de médecine, de physique et, depuis 1969, de sciences économiques.
8. On lira son portrait dans *Islam, civilisation et sociétés*, op. cit.

Depuis la fin de la Seconde Guerre mondiale, des tentatives plus ou moins réussies de structurer « le champ scientifique » en terre d'Islam ont été effectuées. Elles reflètent plusieurs logiques :

1. Une logique étatique, la première à avoir été mise en œuvre par des pays (Egypte, Jordanie, Irak, Pakistan) qui entendaient se doter d'une autonomie par rapport à leurs voisins et rattraper, si possible, les puissances industrielles. Leur démarche reflète les conceptions politico-sociales des régimes en place et leurs choix en matière de recherche-développement ;
2. Une seconde, internationale, appliquée par les agences spécialisées de l'ONU, dont l'UNESCO, susceptibles d'associer à leurs programmes les agences régionales arabes et/ou islamiques ;
3. Une troisième, panarabe, réalisée par les agences spécialisées de la Ligue arabe, telles que l'Alecso (UNESCO arabe) constituée en 1962, ou Castarab (Conférence des ministres arabes responsables de l'application de la science et de la technologie au développement), réunie pour la première fois en 1976 afin de définir un « Plan d'action » dont les résultats restent à démontrer ;
4. Une dernière, panislamique, à laquelle œuvre l'OCI (1971) et ses agences dont l'Isesco (UNESCO islamique) et la FISTD (Fondation islamique pour la science, la technologie et le développement), créée en 1979 [9].

Alors qu'elles se devraient d'être complémentaires, ces logiques sont souvent concurrentes. Leurs résultats – inégaux, voire décevants – reflètent les énormes disparités qui caractérisent le monde musulman : des pays peu peuplés et très riches (pétromonarchies du Golfe, Brunéi) sans tradition

9. La revue *Maghreb-Machrek, monde arabe* a consacré son n° 105 de 1984 à la science dans le monde arabe.

scientifique ; d'autres à forte population (Egypte, Turquie, Pakistan) disposant d'un personnel scientifique souvent hautement qualifié mais de faibles ressources financières ; d'autres, enfin, pauvres et/ou peu peuplés (Mauritanie, Somalie, Soudan) n'ayant ni chercheurs ni fonds.

En outre, les régimes – souvent autocratiques – donnent le sentiment de négliger la recherche scientifique, technologique et en sciences sociales, comme s'ils redoutaient un épanouissement de l'esprit critique et la circulation des chercheurs et des idées. Les dirigeants des Etats fondamentalistes (Arabie Saoudite, Iran) et des mouvements islamistes estiment, pour leur part, pouvoir adopter la technologie occidentale tout en rejetant l'idéologie qui la sous-tend. Néanmoins, tous découvrent qu'avoir importé depuis un demi-siècle des usines « clés-en-main » et de la technologie les a rendus encore plus dépendants de l'étranger pour n'avoir pas su encourager, entre-temps, la recherche scientifique endogène.

Les chiffres sont cruels. En moyenne, les Etats musulmans consacrent de 0,1 à 0,3 % de leur PNB à la recherche et au développement et les sommes théoriquement allouées ne sont pas toujours affectées ou utilisées. Par comparaison, la France, qui arrive en tête des pays méditerranéens de l'Union européenne, y consacre 2,4 % de son PNB et le Portugal, en dernière position, 0,6 %. De plus, l'exode des cerveaux (ingénieurs, informaticiens, entrepreneurs, médecins, etc.) vers les régions industrialisées est considérable. Pour les seuls membres de l'UMA, on l'estime à dix mille personnes par an.

3. Les femmes

Le rôle de la femme musulmane à l'époque moderne est un point des plus sensibles et des plus controversés. Dès la fin du XIXe siècle, conservateurs et modernistes se sont opposés à son sujet. En Inde, Mumtaz Ali publie *Droits de la femme* en 1898, suivi en Egypte par Qasîm Amîn, auteur de *Libération de la femme* (1899) et de *La femme moderne* (1900). Traitant des problèmes posés, entre autres, par le voile, la polygamie, la répudiation, ils déchaînent de violentes critiques. En 1913, l'Egyptien Mansour Fahmy soutient en Sorbonne une thèse sur la *Condition de la femme dans l'islam* où il analyse la situation pré-islamique, compare les deux périodes de la vie conjugale de Mahomet et examine les contradictions entre la Révélation et la *sunna*. Jugée iconoclaste, son œuvre lui vaut d'être rayé des cadres de l'Université. Pourtant, les idées de tous ces auteurs et de quelques autres dont le Tunisien Tahar Haddad (*Notre femme, la législation islamique et la société,* 1930) [10] feront leur chemin.

Il convient, tout d'abord, de situer la Révélation coranique dans son contexte et d'établir brièvement la différence entre la *sunna*, le *fiqh* et les coutumes sociales qui se sont imposées au cours des siècles. En tant que créatures de Dieu, l'homme et la femme sont égaux. Toutefois, le Coran reconnaît au premier une prééminence parce qu'il pourvoit aux besoins de l'épouse et est plus raisonnable. « Les hommes assument les femmes à raison de ce dont Dieu les avantage sur elles et de ce dont ils font dépense sur leurs propres biens. Réciproquement, les bonnes épouses sont dévotieuses [...]. Celles de qui vous craignez l'insoumission, faites-leur la morale, désertez leur couche, corrigez-les. Mais une fois ramenées à l'obéis-

10. Réédition Maison tunisienne de l'Edition, Tunis, 1978.

sance, ne leur cherchez pas prétexte. » (IV, 34). Cette sourate IV, révélée sur le tard – elle serait chronologiquement la 92e – comprend 176 versets presqu'entièrement consacrés aux femmes qui lui donnent son titre ; elle correspond à l'époque où le Prophète a dix épouses et deux concubines [11].

Les préceptes coraniques sont, pour nombre d'entre eux, mais pas tous, marqués par les structures sociales antéislamiques de l'Arabie. Les femmes sont alors considérées comme des biens familiaux ; leur fonction première et essentielle est de procréer même s'il s'en trouve qui ont une forte personnalité et s'affirment grandes poétesses ou commerçantes avisées. D'elles, on attend donc qu'elles enfantent, de préférence des garçons parce qu'ils sont la force de la famille patriarcale. D'où l'importance de la virginité des jeunes filles et de la fidélité des épouses qui garantissent la pureté du sang et l'honneur des proches, du clan, de la tribu. En conséquence, mariées ou non, elles sont soumises à la tutelle masculine : des pères sur leurs filles, des frères sur leurs sœurs, des maris sur leurs épouses. A l'instar des juifs et des chrétiens, les hommes musulmans estiment que les femmes, en raison de leurs charmes et de leurs atours, sont séductrices, artificieuses, peut-être diaboliques. Les jugeant émotives et imaginatives, ils en déduisent qu'elles peuvent être facilement induites en erreur : c'est pourquoi il les représentent en justice et pourquoi aussi il faut deux témoignages féminins pour un seul masculin.

Ces prescriptions ne sauraient néanmoins faire oublier l'attitude de Mahomet jusqu'à la mort de Khadija, en 619, et la condamnation par l'islam de coutumes inhumaines et rétrogrades fortement enracinées jusqu'à son avènement. Le Prophète a été sur plus d'un point « féministe », encore que ce qualificatif soit anachronique pour le VIIe siècle. Après s'être

---

11. Magaly MORSY, *Les femmes du Prophète*, Mercure de France, 1989.

marié avec une veuve de quinze ans son aînée, il est resté monogame pendant un quart de siècle, ce qui était exceptionnel à l'époque. Le Coran interdit de tuer les filles à la naissance, alors qu'il était fréquent de les enterrer vivantes en cas de disette ; il impose à l'homme de donner à sa future une dot, dépôt de garantie pour le cas où il la répudierait ; il fait aussi obligation pour la femme d'hériter : s'il ne revient à cette dernière qu'une demi-part par rapport à l'ayant-droit masculin, c'est parce que ce dernier a en charge la famille tandis qu'elle conserve la libre gestion et disposition de ses biens.

La polygamie n'est pas une obligation : « Epousez donc celles des femmes qui vous seront plaisantes par deux, par trois, par quatre, mais si vous craignez de n'être pas équitables, prenez-en une seule ou une esclave. » (IV, 3). Etre équitable consiste à traiter chacune d'elles de la même façon, sur tous les plans, logement, entretien, cadeaux et affection puisque la Loi prévoit que l'époux doit à chacune « le même nombre de jours et le même nombre de nuits ». Le mari a le privilège de la répudiation, mais s'il l'a prononcée par trois fois, il ne pourra reprendre la répudiée que si elle s'est remariée et a divorcé (dans la pratique, des hommes se prêtent à cette règle, moyennant finances, sans consommer l'union). Dans certains cas (par exemple, l'impuissance du conjoint), la femme peut demander le divorce. En outre, le mariage étant un contrat, elle peut exiger qu'y figure une clause de monogamie, mais elle ignore souvent ses droits et, de plus, subit la pression de la famille, de la société, des coutumes.

Les prescriptions ont été appliquées, avec plus ou moins de rigueur, selon les lieux et les époques. Ainsi, les nombreuses polémiques soulevées par le voile des femmes ne sont pas nouvelles. Maxime Rodinson rappelle qu'il en était déjà question 2000 ans avant Jésus-Christ dans un texte assyrien qui en faisait un signe distinctif de mœurs honorables. Le port du voile a été longtemps d'un usage très répandu autour du

Quelques *hadith* sur les femmes

- La meilleure des femmes au monde est Marie ; la meilleure des femmes (de ma communauté) est Khadija.
- Abou Horeira a dit : « Un homme vint voir l'Envoyé de Dieu (sur lui la bénédiction et le salut) et dit "Qui a le plus de droits quant aux bonnes relations à entretenir avec quelqu'un ? – Ta mère, répondit-il. – Et ensuite, qui ? – Ensuite, ta mère, répondit-il. – Et ensuite, qui ? – Ensuite, dit-il encore, ta mère. – Ensuite, qui ? - Ensuite, ton père.". »
- La femme est coquette, futile, avide de colifichets.
- On épouse une femme pour quatre raisons : sa fortune, sa noblesse de sentiments, sa beauté, sa piété.
- La condition pour la conclusion du mariage la plus nécessaire est que vous acquittiez le prix de la dot qui vous rend religieusement licite les relations conjugales.
- Abou Horeira a rapporté que le Prophète (sur lui la bénédiction et le salut) a dit : « Celle qui a ou un mari, on ne la mariera qu'après en avoir délibéré avec elle, et celle qui est vierge on ne la mariera pas qu'elle n'ait donné son consentement. » On lui dit : « O Envoyé de Dieu, et comment consent-elle ? » – « Par son silence », répondit-il
- Quand une femme est seule avec un autre homme que son mari, Satan est au milieu d'eux.
- Aucune nation gouvernée par une femme n'a réussi.

EL BOKHARI, *L'Authentique Tradition musulmane*, Sindbad

Bassin méditerranéen, sans être généralisé. Saint Paul et de nombreux Pères de l'Eglise – dont Tertullien, auteur du *De virginis velandi* – recommandaient aux chrétiennes de le porter.

Le Coran en fait autant : « Prophète, dis à tes épouses, à tes filles, aux femmes des croyants de revêtir leur mante : elles en seront plus aisément reconnues et ne risqueront pas d'être offensées. » (XXXIII, 59). Les croyantes qui n'obtempéreraient pas seraient-elles vouées au Feu éternel, comme l'affirment certains traditionalistes et les islamistes ? Laissons répondre le réformiste Tahar Haddad : « Si l'usage en était formellement ordonné et appuyé par le Prophète lui-même, comme le prétendent les partisans, il n'y aurait pas eu des controverses à ce sujet entre les jurisconsultes de l'islam, alors qu'il y avait parmi eux des compagnons du Prophète et des contemporains de ceux-ci [12].

Autre exemple d'évolution donnant lieu à des débats : le châtiment de l'adultère. Le Coran exige que la faute soit attestée par quatre témoins oculaires. Si la preuve est apportée – ce qui n'est pas facile –, les fornicateurs seront punis de cent coups de fouet (alors que la loi judaïque prévoyait la lapidation), mais les calomniateurs qui auront menti en recevront quatre-vingts (XXIV, 4). Pourtant, quelques pays musulmans, notamment l'Iran et l'Arabie Saoudite, pratiquent aujourd'hui encore la lapidation. Toutefois, dans le royaume saoudien, on se veut « moderne » : on déverse un camion-benne rempli de pierres sur la femme adultère.

La situation à la fin du XXe siècle est caractérisée par de forts contrastes d'un Etat à un autre et d'une couche sociale à une autre. De l'Atlantique au Pacifique, le mariage des jeunes filles est souvent « arrangé » par les familles qui recourent

---

12. *Notre femme, op. cit.*

parfois à une marieuse, sans que l'on demande son avis à la fiancée. Néanmoins, les exceptions ne manquent pas dans les milieux dits « évolués » ou en raison de coutumes tenaces : ainsi, les bédouines du Yémen montent à cheval, tirent à l'arc ou au fusil et choisissent leur futur après lui avoir fait subir une série d'épreuves pour le jauger et juger s'il est digne d'elles.

En Arabie Saoudite, la première école de filles a été ouverte à Jeddah en 1953 ; en 1994, l'université de cette ville comptait 36 000 inscrits dont un tiers d'étudiantes mais qui n'ont accès qu'à certaines disciplines, notamment la littérature, la médecine, l'histoire et l'économie (il existe des banques très florissantes gérées par des femmes pour les femmes). Lorsqu'elle sort de son domicile, la Saoudienne (et l'étrangère) doit être entièrement voilée de la tête aux pieds. En Iran, bastion du fondamentalisme chiite, l'ayatollah Khomeiny a réimposé le tchador, aboli par le chah, mais l'Iranienne, contrairement à la Saoudienne, est électrice et éligible, et elle a le droit de conduire une voiture. Rien de comparable, donc, avec la situation qui prévaut dans des pays comme les Républiques musulmanes de l'ancienne Union soviétique, l'Indonésie, la Syrie, l'Irak, l'Egypte et surtout, la Tunisie où le code du statut personnel très libéral de 1957 est toujours en vigueur, ou la Turquie, officiellement laïque. Notons aussi qu'en dépit d'un *hadith* du Prophète (voir encadré page 139), il y avait, en 1994, trois femmes musulmanes exerçant la fonction de Premier ministre : Benazir Bhutto au Pakistan, Khaleda Zia au Bangladesh (le chef de l'opposition étant également une femme, Hasina Wajed) et Tansu Ciller en Turquie [13].

13. Fatima MERNISSI rappelle les femmes chefs d'Etat du passé dans *Sultanes oubliées*, Albin Michel, 1990.

Depuis la proclamation de la République islamique d'Iran, en 1979, les mouvements islamistes tentent par tous les moyens d'imposer le respect de la *charia* de la façon la plus restrictive qui soit, et de revenir sur les acquis des musulmanes depuis le XIXe siècle. Prenant prétexte de la crise économique, leurs dirigeants soutiennent que le retour des femmes au foyer et à leur rôle traditionnel de procréatrices contribuerait à réduire le chômage. A quoi les démographes rétorquent que la croissance démographique en serait relancée, et les militants des droits de l'homme que bien des maux du monde musulman proviennent du fait que la moitié de sa population est traitée en mineure.

Une véritable épreuve de force est en cours entre traditionalistes et modernistes, islamistes radicaux et humanistes. Fait sans précédent, depuis la Seconde Guerre mondiale, le *Dar el islam* n'a jamais compté autant de femmes écrivains. Que de chemin parcouru depuis le *Je vis !* (1958) de Leila Baalbaki [14], cri de révolte d'une jeune Libanaise qui s'est, depuis, embourgeoisée, à *Lajja* (la Honte) de Taslima Nasreen [15], gynécologue bangladaise « condamnée à mort » par la *fatwa* d'un petit groupe sans légitimité, pour avoir défendu la laïcité et l'émancipation féminine dans ses écrits. La liste est impressionnante des romans, nouvelles, essais, livres d'histoire, traités d'exégèse rédigés par des femmes pour décrire des situations, rétablir des faits, dénoncer des iniquités, plaider en faveur d'une relecture des livres sacrés, défendre leurs droits à la citoyenneté.

---

14. Le Seuil, 1961.
15. Stock, 1994.

Les femmes arabes

Les femmes arabes doivent s'organiser en une force politique assez puissante afin d'œuvrer elles-mêmes à leur propre libération. Elles doivent constituer des mouvements bien organisés de femmes dotées d'une grande conscience politique et capables, d'une part, de déterminer les droits pour lesquels la femme doit lutter et, d'autre part, d'énoncer clairement leurs objectifs ainsi que la façon dont elles comptent les réaliser.

[...] Les femmes arabes ont été les premières à se rebeller contre le système patriarcal. Il y a quatorze siècles, elles ont obtenu gain de cause en s'élevant contre l'usage unique du genre masculin dans les passages du Coran qui s'adressaient aux hommes et aux femmes. Leur désapprobation est restée célèbre : « Nous avons proclamé notre foi en l'islam, tout comme vous ! Pourquoi ne sommes-nous pas mentionnées dans le Coran ? » A l'époque, on utilisait pour les hommes et pour les femmes le terme unique de *mouslimoun* (musulmans) mais Dieu employa désormais les termes suivants : musulmans et musulmanes, croyants et croyantes.

Naoual EL SAADAOUI, *La Face cachée d'Eve*,
Ed. Des Femmes, 1982

4. Déchirements

Face à la modernité pratiquée par l'Occident depuis la philosophie des Lumières, confronté à l'accélération du rythme de l'histoire engendrée par la révolution industrielle au XIXe siècle, aux prises avec la mondialisation de l'économie, de l'information et de l'informatique marquant la fin du XXe siècle, le monde musulman vit, depuis trois cents ans, sinon plus, dans un état de malaise et de déchirements. Ces derniers sont de divers ordres : psychologique et culturel, économique et social, idéologique et politique.

Nombre d'intellectuels musulmans n'hésitent pas à voir dans cette situation un complot de l'Occident. Louis Gardet cite, dans son livre *Les hommes de l'Islam. Approche des mentalités* [16], ce passage significatif du journal égyptien *Al-Fath* du 9 janvier 1930 : « Le danger réel nous vient de la guerre spirituelle que l'Europe conduit méthodiquement contre l'âme des Orientaux en général et des musulmans en particulier, avec l'aide de ses ouvrages de philosophie, de ses romans, de son théâtre, de ses films et de sa langue. Le but de cette action concertée est de nature psychologique : couper les peuples orientaux de leur passé. »

Alors qu'il a été à la pointe de la modernité du VIIe au XIIe siècle, comme on l'a vu au chapitre II, le monde musulman – un cinquième de l'humanité au seuil du troisième millénaire – se sent frustré d'être resté « en retrait de l'histoire et de (n'avoir pas) participé à la fête des changements », selon l'expression de Daryush Shayegan. Ce penseur iranien contemporain a fort bien analysé ces réactions dans *Le regard mutilé. Schizophrénie culturelle ; pays traditionnels face à la modernité* [17]. Les titres des quatre parties de son ouvrage sont élo-

16. Deuxième édition, Hachette, 1982.
17. Albin Michel, 1989.

quents : « La déchirure », caractérisée par la peur de la perte d'identité ; « le décalage ontologique » par rapport au réel qui dérange ; « le champ des distorsions », notamment entre occidentalisation et islamisation ; enfin, les « assises sociales des distorsions ».

Ces déchirements se traduisent par deux attitudes opposées : le refuge frileux dans le passé et l'imitation servile (*taqlid*), ou l'engagement dans un modernisme débridé. Encore faut-il distinguer entre « modernisation » ou « modernisme » qui consiste à acquérir des biens (usines, avions, appareils divers) que l'on ne sait fabriquer et encore moins concevoir, et « modernité », attitude mentale, esprit de recherche, créativité, innovation. On peut trouver là une des principales raisons qui incitent chercheurs et entrepreneurs musulmans à s'exiler en Occident où ils réussissent excellemment. Enfin, ces déchirements sont d'autant plus douloureux qu'à l'ère des satellites et des antennes paraboliques (« paradiaboliques », selon les islamistes), la censure n'a plus guère de prise.

Bien que recélant 70 % des réserves pétrolières de la planète, l'aire de l'Islam est celle des inégalités les plus criantes, aussi bien entre Etats qu'entre particuliers. Quelques pays se rangent parmi les plus riches : en 1995, le PIB par tête s'élevait à 18 000 dollars au Brunéi, 23 000 à Qatar et 21 000 dans les Emirats arabes unis. A l'opposé, celui du Soudan était de 239, du Bangladesh de 206 et celui de la Somalie n'atteignait pas les 100 dollars. En Egypte, où le PIB n'est que de 775 dollars, quelques privilégiés disposaient, en 1992, de 60 milliards de dollars à l'étranger – pour une dette extérieure de 40 milliards !

Les revenus pétroliers ont contribué à la modernisation des Etats producteurs mais pas à leur modernité : ils ont été le plus souvent un facteur de corruption et un frein à l'imagination – fille de la nécessité – qui aurait permis de diversifier les activités productrices. En outre, si le sens de la solidarité est fortement enraciné chez les simples croyants, il n'est pas le fort des Etats : quelques-uns d'entre eux et des organisations, telle l'OCI, ont certes institué des fonds d'aide (BID ou Banque islamique de développement, FADES ou Fonds arabe de développement économique et social), mais ils sont loin d'être à la hauteur de leur capacité financière et des besoins des pays les moins avancés (PMA).

Comme l'écrit Maxime Rodinson : « Il n'y a donc pas d'économie musulmane ou chrétienne, catholique ou protestante, française ou allemande, arabe ou turque, dionysiaque ou apollinienne. Tout cela ne peut être au maximum que des colorations superficielles des choix économiques fondamentaux. » [18]. Les économistes observent que la plupart des Etats musulmans ont tendance à ne pas tenir compte de la logique économique mondiale, ce qui entraîne des résultats déplorables pour certains d'entre eux. Un des exemples les plus significatifs est celui de la fiscalité que les représentants du FMI ont tenté maintes fois de soulever, en vain, leurs interlocuteurs considérant ce sujet « tabou ». Dans les pétromonarchies, l'impôt sur le revenu et la fortune n'existe pas et l'étanchéité entre les caisses du gouvernement et celles de la famille régnante n'existe guère. Dans nombre de pays pauvres, les riches ne sont pas imposés ou le sont peu, et l'impôt direct y représente, au mieux, 40 % des recettes. Or, il n'y a pas de citoyenneté sans contribuable. Payer l'impôt est un des moyens de participer à la vie et au développement de la nation et de donner un droit de regard sur la gestion du budget par les dirigeants.

---

18. *Islam et capitalisme, op. cit.*

Les troubles ne sont pas moindres sur le plan idéologico-politique. Les luttes de libération, conduites généralement par des modernistes, avaient toutes un soubassement musulman. Elles ont été couronnées de succès. Toutefois, depuis les indépendances, et alors que la quasi totalité des régimes ont institué constitutionnellement l'islam religion d'Etat, que de rêves brisés ! Ceux du panislamisme, du panarabisme, du nationalisme développementaliste, du socialisme laïcisant, de la cause palestinienne... Vives tensions ou guerres ont opposé ou opposent entre eux bien des Etats musulmans voisins pour des tracés de frontières ou des rivalités idéologico-religieuses (Afghanistan-Ouzbékistan, Syrie-Irak, Irak-Iran, Iran-Turquie, Egypte-Soudan, Libye-Tunisie, Algérie-Maroc, Maroc-Mauritanie...). Ces affrontements (dont les puissances ont pu avoir une part de responsabilité) sont causes d'affaiblissement supplémentaire et freins vers la modernité [19], même une modernité endogène analogue à celle qui s'affirme avec le Japon et le « nouvel asiatisme ».

Déchirements encore liés aux phénomènes sociologiques découlant de l'industrialisation et de l'urbanisation intensive qui ne favorisent pas la cohésion de la famille patriarcale traditionnelle, au sens large, ni celle du groupe. Les images télévisuelles où prédominent souvent productions américaines et européennes accentuent l'opposition entre deux conceptions différentes de la société : celle de la tradition coranique (et méditerranéenne) fondée sur la communauté et celle, prévalant aujourd'hui en Occident, qui privilégie la famille restreinte, le couple, l'individu.

Déchirements enfin autour de tous les aspects de la démocratie et des droits de l'homme, revendiqués par des couches de plus en plus importantes. L'opposition n'est pas seulement

---

19. Fouad ZAKARIYA, *Laïcité ou islamisme. Les Arabes à l'heure du choix*, La Découverte-Al Fikr, 1991.

entre modernistes et traditionalistes mais aussi entre peuples et *nomenklatura* dirigeantes qui utilisent des techniques électorales pour confisquer la démocratie dont la définition n'est, par ailleurs, pas toujours claire.

Tirant argument de ces dérives, les islamistes soulignent l'échec des nationalistes et des socialistes dans leur tentative de « moderniser l'islam » et affirment qu'il faut, dès lors, « islamiser la modernité ». Ont-ils mieux réussi dans les pays où ils ont accédé au pouvoir ? C'est ce que nous examinerons dans le dernier chapitre.

CHAPITRE VI

Islam et islamismes

▪

Les actions violentes qui secouent l'aire musulmane et dont l'Europe risque de subir le contre-coup ne doivent pas conduire à confondre islam et islamisme et à voir en chaque musulman un intégriste en puissance. Multiples, les causes de l'islam radical sont autant idéologiques, politiques, économiques, sociales et culturelles qu'historiques, religieuses et spirituelles.

*Matrice de la plupart des mouvements intégristes auxquels ils ont souvent donné leur nom, les Frères musulmans (1928) n'existent pas seulement en Egypte : il en est des foyers anciens – au Pakistan, en Iran, en Arabie Saoudite – et récents – au Soudan et au Maghreb, en Algérie notamment. Pour illustrer la situation, trois exemples ont été retenus : l'Arabie Saoudite – bastion du sunnisme –, l'Iran – celui du chiisme –, et l'Algérie. Au-delà de ces trois cas, c'est l'ensemble de la communauté musulmane qui est en quête de l'*aggiornamento *nécessaire pour lui éviter d'entrer à reculons dans le* r^e *millénaire.*

Islam, islamisme, intégrisme

En Occident, règne une grande confusion sémantique entre islam et islamisme, domaines que l'on a tendance à confondre. La confusion est entretenue par les médias qui utilisent indifféremment des termes – traditionalisme, fondamentalisme, islamisme, intégrisme, voire terrorisme – se référant pourtant à des réalités différentes. Il importe donc de préciser le sens des mots.

L'islam, on l'a vu, est d'abord une foi et une pratique. C'est également une civilisation qui, à l'égal du judaïsme et du christianisme, a subi des évolutions. Au XIXe siècle, et même au XXe siècle, « islamisme » – formé sur le modèle de catholicisme, protestantisme, etc. – était synonyme d'islam. Depuis les années 70, il a progressivement pris une nouvelle acception : équivalent d'islam radical, il désigne une idéologie qui utilise la religion à des fins politiques et accompagne un phénomène social croissant. Les *islamiyyûn*, les « islamistes », ont d'ailleurs forgé ce néologisme pour affirmer leur spécificité militante par rapport à la majorité des *muslimûm*, les « musulmans », dont ils prétendent être l'avant-garde. Ils veulent prendre le pouvoir, pacifiquement ou par la violence, afin de « résoudre au moyen de la religion tous les problèmes sociaux et politiques et, simultanément, de restaurer l'intégralité des dogmes » [1].

---

1. Maxime RODINSON, « Réveil de l'intégrisme musulman », *in Le Monde*, 6, 7 et 8 décembre 1978. Repris dans *L'Islam dans le monde, op. cit.*

1. Les accès de fièvre des origines à nos jours

Les traditionalistes (on dit aussi traditionnaires) n'ont pas de projet politique. Conservateurs, cultivant la nostalgie du passé, ils entendent préserver les mœurs (respect de la hiérarchie, piété filiale, voile des femmes, virginité des jeunes filles, etc.). Plus préoccupés de pratique religieuse, de rituel et de morale que de justice sociale, ils ont contribué à véhiculer par leur comportement l'image du musulman fataliste. La plupart d'entre eux s'étaient accommodés des colonisateurs européens dans la mesure où ceux-ci ne s'immisçaient pas dans le champ religieux dont ils laissaient la gestion aux *imams* et aux *ulémas*.

A l'inverse, les fondamentalistes ont une attitude volontariste, conforme à l'enseignement du Prophète. Ils prônent, certes, le « retour aux sources de l'islam » mais l'ennemi, à leurs yeux, est la tradition figée, non la modernité bien comprise. Réformateurs, comme Mohamed Abdô, et non activistes, comme les islamistes, ils ont plusieurs chefs, tels l'Indo-Pakistanais Ali Jinnah (1876-1948) ou l'Algérien Ben Badis (1889-1940) qui ont participé au mouvement national de lutte contre la colonisation.

De même, contrairement à une opinion répandue à tort, le colonel Kadhafi n'est pas un intégriste mais un réformiste. Ainsi, il est l'unique dirigeant musulman à estimer que seul le Coran et non la *sunna* est source de droit, et à calculer l'ère hégirienne, non à partir de 622 mais à partir de 632 puisque la mort de Mahomet a clos la Révélation.

Mis à part les marxistes et les partisans de la laïcité, les musulmans rejettent le mot « intégriste », en faisant valoir qu'il n'existe pas dans la langue arabe et ne concerne pas l'islam puisqu'il a été forgé pour rendre compte du « refus des adaptations de l'Eglise (catholique) et des croyants en matière

Kadhafi, le Coran, la Tradition et les femmes

Si nous étions sûrs que tous (les *hadith*) ont été réellement prononcés par le Prophète, nous les accepterions de la même manière que nous acceptons le Coran. Mais le problème est que nous ne savons pas au juste ce qu'il a dit et ce qu'il n'a pas dit. D'autant que l'islam, après la disparition du Prophète, a connu des écoles juridiques. Les rites que vous pratiquez aujourd'hui n'existaient donc pas de son temps. [...] Il s'agit en quelque sorte de mouvements politiques qui ont vu le jour dans la communauté islamique [...].

Nous réfutons, nous, que les femmes soient employées comme dans les pays capitalistes qui les considèrent comme des marchandises, des valeurs économiques ou des objets de distraction. [...] Il faut fermer la porte du divertissement et du harem, mettre fin à l'esclavage et au mépris de l'humanité des femmes. [...] Il est nécessaire que les femmes portent les armes et qu'elles aient un statut social qui leur permette de ne plus être dominées, maltraitées, humiliées. Elles ne seront libres et respectées, n'exerceront tous leurs droits que lorsqu'elles seront fortes et posséderont toutes les armes, les armes à feu comme les armes de la science, de la conscience, de la culture et de la révolution.

KADHAFI, *Je suis un opposant à l'échelon mondial*, entretiens avec H. Berrada, M. Kravetz, M. Whiteaker, Ed. Favre, 1984

liturgique, pastorale et sociale »[2]. Néanmoins, le terme s'est appliqué aux fidèles de différentes obédiences (juive, protestante, hindoue...) « dont la lecture des sources sacrées est la plus intransigeante, la plus littérale, la plus rigide et, comme telle, la plus réticente à l'exégèse novatrice »[3]. Il paraît donc légitime de parler d'intégrisme musulman, même si la nébuleuse islamiste est complexe, comme on le verra plus loin, et si elle compte dans ses rangs aussi bien des penseurs animés d'une réelle volonté de modernisation que des activistes, auteurs de menées violentes qui relèvent du terrorisme.

Phénomène contemporain, l'islamisme s'inscrit néanmoins dans une logique historique et sociale, même si les précédents ne sont pas rigoureusement comparables. En effet, l'évolution du monde musulman a été jalonnée d'accès de fièvre ; les luttes au nom de l'orthodoxie, pour le retour aux sources, ont commencé dès la mort de Mahomet. Elles n'ont plus jamais cessé. Elles ont eu, ont toujours, des motivations spirituelles mais aussi, selon les époques et les lieux, des inspirations plus terre à terre : rivalités familiales, claniques ou tribales (Moawiya, du clan des Bani Omayya, soutenu par Aïcha, veuve du Prophète, conteste le cousin et gendre de ce dernier, Ali, qui appartient au clan hachémite ; revanche des Abbassides hachémites sur les Omeyyades) ; ethniques (Turcs contre Persans, Berbères contre Arabes, Arabes contre Turcs, etc.) ; dynastiques (Abassides contre Omeyyades, Almohades contre Almoravides, Saoud contre Hachémites, etc.). Une autre constante recoupe, en partie, la précédente : un mouvement pendulaire n'a cessé d'osciller entre deux tendances ; celle des rigoristes qui mettent l'accent sur l'unité de la *oumma* et celle des « régionalistes » qui privilégient les

---

2. Olivier CARRÉ, *Mystique et politique*, FNSP-Le Cerf, 1984.
3. François BURGAT, *L'islamisme au Maghreb*, Karthala, 1988.

traditions locales, les spécifici-tés ethniques, les valeurs d'une « patrie commune ». Chaque fois que l'une d'elles s'affirme avec trop de force, elle suscite, tel un antidote, la résurgence de l'autre.

A l'époque contemporaine, ces luttes sont devenues, sous l'influence de l'Occident et dans la confrontation avec lui, davantage nationales et davantage idéologiques. Les exemples abondent : affirmation, à l'échelle régionale, des nationalismes – arabe, turc, iranien, pakistanais – et conflits opposant, au nom de l'Etat-nation, des pays voisins qui cherchent une légitimité dans les grandeurs passées et se nourrissent du suc des « guerres héréditaires ». Ainsi, le Syrien Hafez el Assad se considère comme l'héritier des Omeyyades, tandis que Saddam Hussein se veut le continuateur à la fois des Abbassides et de Saladin, né comme lui à Tikrit. Les deux hommes s'accusent mutuellement de trahir la véritable doctrine du Baas et de l'arabisme, que chacun prétend être le seul à incarner fidèlement.

Affrontements encore, à l'intérieur de chaque pays puis à l'échelle régionale, entre partisans du panarabisme et du panislamisme. Le cas emblématique est la guerre Irak-Iran (1980-1988) qui fut nationale avec un relent racial (Arabes sémites contre Perses aryens), religieuse (Téhéran dénonçait le « Petit Satan socialiste et athée » de Bagdad qui affirmait, lui, être le meilleur des musulmans et faisait remonter son arbre généalogique à l'imam Ali), et idéologique (confrontation de deux visions antinomiques du monde, de la société, de l'homme). Chaque fois, toutes ces luttes ont permis au vainqueur d'établir, au nom de la foi, de nouveaux rapports de forces géopolitiques en sa faveur.

Matrice de la plupart des mouvements islamistes actuels, l'organisation des Frères musulmans (voir page 158) a été créée en 1928, en Egypte, dans une perspective de prise de pouvoir, par Hassan el Banna, enseignant, fils d'un ancien élève d'Abdô. Un an plus tôt, dans l'Inde britannique, la *Jama'at el tabligh*, la « Société pour la propagation de la foi » [4], avait été fondée par un lettré, Mawlana Muhammad Ilyas (1885-1944), à l'intention des musulmans superficiellement islamisés : leurs croyances et leurs pratiques étant fortement imprégnées d'hindouisme, il convenait de les remettre dans le droit chemin par des moyens non politiques, notamment l'imitation de Mahomet. L'inspiration et les buts de ces deux mouvements sont donc très différents mais leur naissance, tout comme la parution de *Théorie des deux nations* (1928) de Jinnah, survient dans un contexte régional et international qui ébranle le monde musulman, provoquant aussitôt réactions et résistances.

Rappelons les principaux jalons qui ont marqué ce contexte : Accords Sykes-Picot (1916) qui partagent entre la France, la Grande-Bretagne et la Russie les provinces de l'Empire ottoman ; « Déclaration Balfour » (1917) par laquelle le ministre britannique des Affaires étrangères promet la création d'un « Foyer national juif en Palestine » ; tensions (à partir de 1919) entre hindous et musulmans en Inde ; instauration de la Société des Nations (SDN, 1920) qui donne aux puissances européennes des mandats sur nombre de pays musulmans. La même année : déception du chérif Hussein de La Mecque, chassé par les Français de Damas après que les Anglais eurent manqué à leur promesse de l'aider à constituer un grand « Royaume arabe » ; abolition du califat (1924) ; guerre du Rif (1921-1926) qui s'achève sur la défaite et l'exil du chef marocain Abdel-Krim (futur président du Comité de libération du Maghreb arabe, en 1947-1948, au Caire).

---

4. Gilles KEPEL, *Les banlieues de l'islam*, Le Seuil, 1987. L'auteur montre qu'en France, ce mouvement connaît un succès certain sous le nom de « Foi et pratique ».

Penseurs et dirigeants de ces premiers mouvements entendent réagir contre la décadence du monde musulman, lutter contre les gouvernements accusés de « corruption et de tyrannie », résister au matérialisme qui gangrène les sociétés occidentales capitalistes, combattre l'athéisme des régimes marxistes (notamment ceux des Républiques musulmanes de l'ex-URSS) et des partis communistes qui commencent à éclore au sein de *Dar el islam*. Pour atteindre ces objectifs, ils veulent réislamiser les croyants, la vie quotidienne, les institutions, les structures sociales ; bref, élaborer un « système global » que résume le slogan : « L'islam, c'est la solution » (à tout).

2. Des Frères musulmans aux mouvements de la fin du XXe siècle

La croissance des Frères musulmans (FM) est aussi rapide qu'est efficace leur organisation. Dix ans après sa création, la confrérie compte trois cents sections ; dix ans plus tard, on en dénombre deux mille, après la guerre de Palestine en 1948. Le credo (voir page 159) du FM, élaboré en 1932 et entériné par le IIIe congrès, en 1935, résume la philosophie de base. Il s'inscrit dans un ensemble comprenant le « serment d'obédience » que doit prononcer chaque « membre actif » envers le Guide du mouvement, conformément à la « Loi fondamentale » adoptée en 1945, l'organigramme (voir page 158) et l'Organisation secrète armée constituée en 1942-1943 [5].

Au cours de ces années, le roi Farouk d'Egypte utilise à l'occasion les FM (dont plusieurs responsables sont pro-nazis) contre les Anglais, contre son Parlement rétif, contre les partis. Hassan el Banna affirme, au moins en public, vouloir rester en marge du jeu politique : « Le message musulman rassemble ; il ne divise pas. » Mais il doit compter avec ses activistes qui ont formé, en 1947-1948, des « unités armées » autonomes et qui organisent manifestations et attentats. Le 12 février 1949, douze jours après le meurtre du Premier ministre, Nokrachi, Banna est assassiné à son tour. Au début de la République, on note une certaine complicité entre FM et, en 1952, Officiers libres, auteurs du renversement de la monarchie, mais nassérisme et islamisme sont deux projets concurrents : les FM ne tardent pas à être interdits et pourchassés.

Trois autres foyers de l'islamisme ont encouragé la prédication et l'activisme. Le premier se situe en Arabie Saoudite.

---

5. Olivier CARRÉ, Gérard MICHAUD (présenté par), *Les Frères musulmans (1928-1982)*, coll. Archives, Gallimard-Julliard, 1983.

Organigramme de la confrérie des Frères musulmans

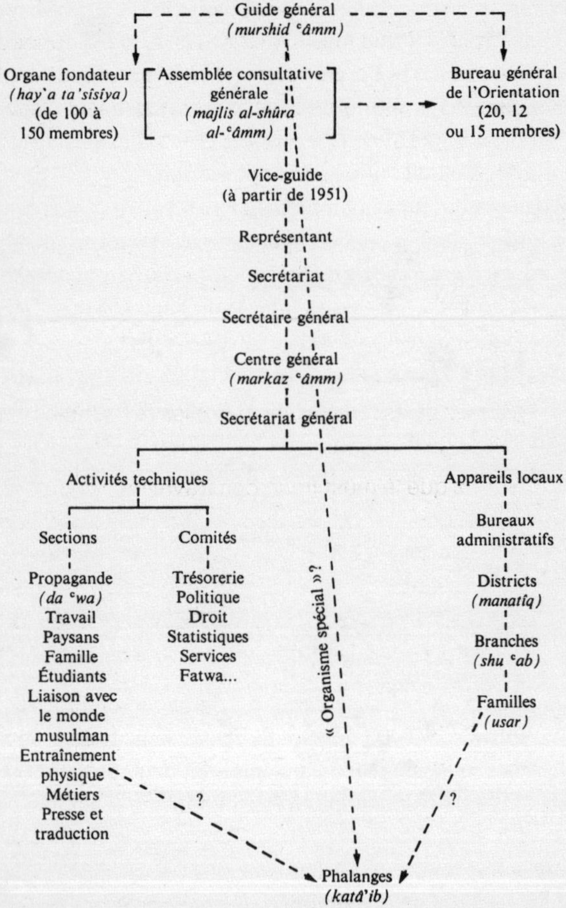

Nombre de mouvements islamistes ont adopté, en les adaptant, cet organigramme ainsi que le credo du FM et le serment d'allégeance au Guide ou Emir. (Source : Olivier CARRÉ, *Les frères musulmans, op. cit.*, d'après M.S. Zaki, *Al Ikhwân*)

Le credo du FM

1. Je crois [...] que le Coran est le Livre de Dieu, que l'islam est une Loi complète pour diriger cette vie et l'autre. Et je promets de réciter chaque jour une section du Coran, de m'en tenir à la Tradition authentique, d'étudier la vie du Prophète [...].
2. Je crois que l'action droite, la vertu, la connaissance, sont parmi les piliers de l'islam [...]. Je répandrai autant que je peux les usages musulmans, je préférerai l'amour et l'attachement plutôt que la rivalité et la condamnation [...]. Je renforcerai les rites et la langue de l'islam et je travaillerai à répandre les sciences et les connaissances utiles dans toutes les classes de la nation.
3. Je crois que le musulman doit travailler, gagner sa vie, s'enrichir, et qu'une part de ses gains revient de droit au mendiant et au misérable. J'encouragerai tout projet économique utile et ferai progresser les produits de ma région, de mes coreligionnaires, de ma patrie, sans jamais pratiquer l'usure ou l'intérêt ni chercher le superflu au-delà de mes capacités.
4. Je crois que le musulman est responsable de sa famille, qu'il a le devoir de la conserver en bonne santé, dans la foi, dans les bonnes mœurs [...]. Je ne ferai pas entrer mes fils dans une école [6] qui ne

6. Allusion aux écoles chrétiennes (jésuites, frères de Saint Jean-Baptiste de La Salle, etc.) où les élites (y compris des Frères musulmans de professions libérales) envoient leurs enfants en raison de leur bonne réputation en matière d'enseignement et de discipline.

préserverait pas leurs croyances, leurs bonnes mœurs [...]. Je lui (la famille) supprimerai tous les journaux, livres, publications qui nient les enseignements de l'islam et, pareillement, les organisations, les groupes, les clubs de cette sorte.

5. Je crois que le musulman a le devoir de faire revivre l'islam par la reconnaissance de ses différents peuples, par le retour de sa législation propre, et que la bannière de l'islam doit couvrir le genre humain, et que chaque musulman a pour mission d'éduquer le monde selon les principes de l'islam. Et je promets de combattre pour accomplir cette mission tant que je vivrai, et de sacrifier pour cela tout ce que je possède.

Extrait de Les *Frères musulmans, op. cit.*

Considéré par les différents rites sunnites comme une hérésie, le wahabisme, puritain et rigoriste, a fini par être admis avec la proclamation du royaume en 1932. Son prosélytisme ne s'est toutefois épanoui qu'avec l'accroissement des recettes pétrolières, dès la Seconde Guerre mondiale et, plus encore, après le doublement du prix du baril, en 1973.

Est-ce parce que l'Arabie, allié stratégique avec Israël des Etats-Unis au Proche-Orient, est un important acheteur d'armes en Occident ? Est-ce encore parce que son message, très conservateur, servait à combattre en priorité l'arabisme révolutionnaire, notamment le nassérisme, et le communisme ? Ou bien est-ce enfin parce que ses dons les plus ostentatoires étaient destinés à la construction de mosquées et d'écoles coraniques alors que les chefs des mouvements islamistes niaient en recevoir d'autres, plus discrets mais bien réels ? Le fait est que, jusqu'à la fin des années 80, chercheurs, universitaires et journalistes n'ont guère évoqué le rôle de Riyadh [7].

Les deuxième et troisième foyers sont à l'extérieur du monde arabe. L'un, d'obédience sunnite, a vu le jour dans la partie de l'Inde qui a fait sécession en 1947. Postérieurement à Jinnah (1876-1948), père fondateur du Pakistan mais pétri de culture britannique, laïque et réformatrice, Mawlana Abul Ala Mawdudi (1903-1979) a revendiqué un Etat totalement théocratique. Idéologue autodidacte, « il a cherché à définir un islam totalitaire à l'image du communisme et du fascisme, dont le fondement serait le règne exclusif de la Loi (et ne pouvant) connaître ni pluralisme politique ni lutte des classes » [8]. Peu avant sa mort, Mawdudi a soutenu l'avènement de la dictature militaire de Zia Ul Haq, en 1977. Dans les années 40, il avait fortement inspiré l'Egyptien Sayyid Qotb. Tous deux, qui ont contribué à radicaliser les mouvements islamistes, ont également influencé des « prédicateurs » au Maghreb et en Europe occidentale.

L'autre foyer, d'obédience chiite, est l'Iran. Le chiisme révolutionnaire, héritier d'une tradition qui remonte à la famille des Alides et aux Qarmates (chapitres I et III), a élaboré une théorie théologique sur les rapports entre religion et pouvoir (nous y reviendrons dans la troisième partie de ce chapitre). Sa maturation s'est étalée du XVIe au XXe siècle pour aboutir au principe du *velayat faqih*, « gouvernement du sage religieux », de l'ayatollah Khomeiny. Son triomphe, en 1979, a donné une vive impulsion à tous les mouvements islamistes, chiites ou sunnites, et relancé la guerre au Liban.

---

7. Un des tout premiers à l'avoir fait de façon substantielle est Georges CORM, dans *L'Europe et l'Orient*, La Découverte, 1989.
8. Henri LAURENS, *Le grand jeu. Orient arabe et rivalités internationales*, Armand Colin, 1991.

Il faudrait enfin signaler deux foyers, de nature différente, qui s'affirment au début de la décennie 90 : le Soudan et l'Algérie (nous traiterons ce pays à la fin du chapitre). Militant du mouvement de libération islamique soudanais depuis 1946, Hassan el Tourabi est le maître à penser du régime militaire au pouvoir à Khartoum depuis juin 1989. Polyglotte, titulaire de doctorats soutenus à Londres et à Paris, il est à la fois un théoricien et un homme d'action pragmatique. Ainsi, d'avoir soutenu l'Irak pendant la guerre du Golfe de 1990-1991 ne l'a pas empêché d'être l'artisan d'une autre alliance avec l'Iran chiite cette fois, en décembre 1991. Il se défend d'être le « cerveau » d'une internationale islamiste, mais coopère néanmoins étroitement avec les Frères musulmans de Jordanie, le *Hezbollah* du Liban, le *Jihad* égyptien, le *Hamas* palestinien, le Front islamique du salut algérien et le mouvement tunisien *En Nahda* dont le chef, Rached Ghannouchi, est devenu son beau-frère.

En dehors de ces foyers, des organisations plus ou moins importantes existent dans la quasi totalité des Etats musulmans. Elles se divisent en deux grandes tendances. La première, favorable à la prise du pouvoir par la violence, a engendré des groupes radicaux, apparus au début des années 80, qui n'ont cessé depuis de se manifester. Citons, côté sunnite, *Takfir* (Anathème), *Takfir wa hijra* (Anathème et retraite), *Jihad* (Guerre sainte), *al-Da'wa* (l'Appel), les *Gamaat islamiyya*, en Egypte (Associations islamistes) et, côté chiite, le *Hezbollah* (Parti de Dieu) déjà cité, le *Jihad islamique* et *al 'Da'wa* [9].

La seconde, qui se veut pacifique, recourt, selon les circonstances, à une double tactique pour destabiliser ou « asphyxier » les régimes en place. Clandestin, parfois toléré

---

9. Bruno ETIENNE en donne quatre pages de tableaux pour le monde arabe dans *L'islamisme radical*, Hachette, 1987.

mais non reconnu légalement, le mouvement incite ses partisans à exercer une pression croissante sur les dirigeants pour obliger ces derniers à faire des concessions et à appliquer progressivement la *charia* ; tel est le cas des Frères musulmans d'Egypte qui apparaissent aujourd'hui comme un parti modéré et « institutionnalisé » par rapport aux *Gammat islamiyya* et au *Jihad.* S'il est légalisé, le mouvement joue, dans un premier temps, le jeu de la démocratie, pour s'implanter dans les organes de l'Etat (Soudan de Nemeiry, Jordanie, Turquie). Dans un deuxième temps, s'il est assez fort, il élimine les formations concurrentes ou réduit leur rôle à la portion congrue (Iran, Soudan).

Les causes de l'islamisme sont certes historiques, religieuses et spirituelles, comme on l'a vu, mais sont surtout d'ordre idéologique, politique, économique, social et culturel. En effet, l'aire musulmane était constituée, l'est encore dans certaines régions, de sociétés traditionnellement et majoritairement rurales ou tribales qui ont connu de formidables mutations entre 1950 et 1975 : industrialisation rapide, urbanisation intensive, paupérisation, mondialisation de l'économie et des moyens de communication, etc. Il faut ajouter à ces facteurs l'explosion démographique : les moins de 20 ans représentent en moyenne 65 % des habitants dans les pays qui la composent et la population a tendance à y doubler tous les vingt ans depuis la Seconde Guerre mondiale.

Or, ce dernier quart de siècle a été dominé par les nationalistes modernistes, hostiles aux islamistes. Pour assurer le développement, ils ont procédé (Mossadegh en Iran, Nasser en Egypte, Kassem en Irak...) à des nationalisations qui ont affecté les intérêts des Européens et des Américains, lesquels ont brutalement réagi. En contrepoids à la puissance des Etats-Unis et aux pressions de l'Arabie Saoudite, certains se sont appuyés sur l'Union soviétique. Enfin, socialisants ou libéraux, ils ont été généralement autoritaires, voire tyranniques, et ont laissé s'installer des régimes bureaucratiques qui ont contribué à l'échec des ambitieux programmes de développement [10].

La défaite de l'Egypte – pivot du monde arabe – devant Israël en 1967 a, en outre, provoqué un séisme moral dans une bonne partie du monde musulman. Les islamistes ont présenté cette défaite, ainsi que le drame des Palestiniens, comme un châtiment infligé par Dieu pour punir les musulmans de leur impiété et les ramener dans la voie droite. Ils ont tenu un discours moral mettant l'accent sur les principes coraniques d'équité, de justice sociale, de solidarité, alors que croissaient les difficultés de tous ordres et que s'aggravait la corruption pratiquée par les nouvelles bourgeoisies. Ils sont parvenus à mobiliser des déshérités en plein désarroi, en présentant la religion comme ultime refuge et unique salut. Toutefois, s'ils ont des stratégies de prise du pouvoir et des tactiques de mobilisation ponctuelle, ils n'ont pas réussi, là où ils sont arrivés à la tête de l'Etat, à mettre en œuvre – en dépit de leurs promesses –, un projet de société moderne et efficace dans le cadre de l'islam.

10. Georges CORM, *Le Proche-Orient éclaté, 1956-1991*, coll. Folio, Gallimard, 1991.

3. Les islamistes à l'épreuve du pouvoir

Dans l'opposition ou au pouvoir, les mouvements fondamentalistes et islamistes ont en commun nombre de principes de base. Pourtant, il existe aussi entre eux des divergences notables, voire des oppositions fondamentales. C'est le cas, en particulier, entre la République islamique d'Iran – forteresse chiite – et le royaume d'Arabie Saoudite – bastion sunnite. Aussi, aurait-on tort de croire à l'existence d'une « internationale » islamiste, à l'image de l'ancien Komintern dont Moscou tirait les ficelles, même si Téhéran, Riyadh et, plus récemment, Khartoum tentent d'être les coordinateurs de réseaux à travers le monde musulman.

La forteresse chiite. Provocations, anathèmes, attentats, prises d'otages ont conduit les Occidentaux à « diaboliser » la République islamique d'Iran qui les a « satanisés » en retour. Or, le chiisme, qui n'a pas fermé la porte de l'*ijtihad* (effort de réflexion), ne peut se réduire à une analyse schématique et réductrice. La particularité des chiites imamites est de croire que le pouvoir légitime ne peut appartenir qu'à la lignée des douze Imâms infaillibles dont le dernier, occulté en 874, est néanmoins « vivant » dans le cœur des fidèles. C'est une situation délicate à gérer puisque l'Imâm, physiquement absent, ne peut se faire entendre. Les *ulémas* ont donc grignoté ses prérogatives pour se poser progressivement en source légitime du pouvoir.

Au XVIe siècle, lorsque le chah proclame le chiisme religion officielle de l'Iran, s'impose aussitôt la notion de *mujtahid*, autorité représentant l'Imâm occulté et chargée de veiller à la conformité des décisions politiques avec la *charia*. Comme il peut y avoir plusieurs *mujtahid*, auxquels on donne le titre d'ayatollah ou « signe de Dieu », une autre notion apparaît à la fin du XVIIIe siècle : celle de *marja'* ou « référence à suivre ». Les *marja'* sont les *mujtahid* les plus savants ; on les appelle *ayatollah ozma* ou « grands ayatollahs », et l'un d'eux est reconnu par ses pairs comme l'autorité suprême. Stade ultime de la réflexion politico-religieuse : la mise au point de la théorie du *wilayat faqih* ou « gouvernement du sage religieux », énoncée par Khomeiny en 1969, pendant son exil à Najaf (Irak), en concertation avec l'ayatollah irakien Bâqer Sadr et le cheikh Fadlallah qui deviendra un des chefs du *Hezbollah* libanais. Selon elle, en l'absence de l'Imâm occulté, l'homme le mieux à même d'assumer le pouvoir spirituel et temporel est le *faqih*, « le plus savant » ou, si aucun nom ne fait l'unanimité, un groupe de grands ayatollahs.

Pendant la phase révolutionnaire qui a précédé la proclamation de la République islamique (1er avril 1979), ses dirigeants ont donné au mouvement une inspiration populiste. Ils ont mené parallèlement une réflexion pour justifier, du point de vue islamique, une « modernisation » des institutions (voir ci-contre l'encadré de Bâqer Sadr). Parmi les réformes mises en œuvre, il faut signaler l'adoption d'une Constitution par référendum, le recours à des pratiques démocratiques dont l'élection du président de la République et des députés au suffrage universel (les femmes sont donc électrices et éligibles), l'exercice d'un large contrôle parlementaire sur l'action des ministres.

Malgré ces évolutions intéressantes et trop souvent ignorées, comment s'établit le bilan en Iran, à la mort de Khomeiny, en 1989, dix ans après sa prise de pouvoir ? Fondements de ses certitudes et de ses espoirs, les « *miracles de la foi* » ne se sont pas produits, contrairement à ses promesses. Trois fois plus vaste et plus peuplé que son ennemi voisin, l'Iran n'a pas gagné la guerre 1980-1988 contre l'Irak. Les *mollahs* (religieux) avaient dénoncé la corruption sous le régime du chah ;

Le gouvernement islamique

Il n'y a originellement d'autre autorité que celle de Dieu [...]. Nous croyons que l'Etat a pour finalité d'appliquer la Loi du Ciel qui garantit un équilibre entre l'individu et la société [...]. La Loi islamique est la même pour ceux qui gouvernent et ceux qui sont gouvernés.

L'islam rejette également la monarchie et le pouvoir personnel sous toutes ses formes. Il refuse le pouvoir d'une aristocratie. Il met en avant une forme de gouvernement qui inclut tous les aspects positifs de la démocratie, à la différence près qu'il les intègre à une vision objective de l'Etat qui le garantit contre toute perversion du pouvoir.

La *oumma* dans un régime démocratique serait la source du pouvoir. Dans le régime islamique, elle a la charge du califat et est responsable devant Dieu du pouvoir qui lui est confié. Dans un régime démocratique, la Constitution est entièrement créée par l'homme. Elle représente, dans le meilleur des cas et dans une configuration idéale, le pouvoir de la majorité sur la minorité. En islam, les parties immuables de la Constitution représentent la Loi de Dieu ainsi que Sa justice, ce qui est une garantie de l'objectivité de la Constitution et de l'absence de l'esprit partial.

La Loi islamique qui a, par exemple, reconnu le principe du domaine public et de la propriété étatique mais aussi celui de la propriété privée, ne procède pas pour autant d'une vision de la lutte de classes où une partie de la société parvient à faire avancer ses intérêts au détriment d'une autre. Elle traduit, avant tout, les principes de justice et de droit [...].

L'Etat islamique se rapproche du régime présidentiel mais diffère beaucoup des régimes en vigueur dans les pays capitalistes démocratiques qui fonctionnent sur la base du principe de la séparation des pouvoirs exécutifs et législatifs.

La pratique islamique suppose toujours que l'Etat soit représenté par un président qui puise la légitimité de sa fonction dans la Constitution – le Texte sacré – ou directement de la *oumma* – par le suffrage universel direct – ou bien dans les deux à la fois [...].

Muhammad Bâqer SADR
« Note préliminaire à propos de la Constitution d'une République islamique en Iran »,
6 Rabi' al-awwal, 1399 (4 février 1979)

or, elle a gagné du terrain dans la République islamique et est pratiquée par nombre d'entre eux.

Dans le domaine économique, les chiffres sont éloquents : alors que la population est passée de 38 à 53 millions entre 1979 et 1989, le PIB a baissé de 50 %, la monnaie nationale, le rial, a perdu 1 800 % de sa valeur par rapport aux devises fortes, les investissements ont diminué de 35 % et le chômage – plus important que sous la monarchie – atteignait 48 % de la population active. Enfin, des pans entiers – y compris le nucléaire – du dernier plan de développement économique du régime impérial, violemment critiqué par les ayatollahs en 1978-1979, ont été repris dans le premier plan quinquennal de la République islamique, puis dans le second, adopté au début de 1990, sous la présidence d'Ali Akbar Rafsandjani.

Ce dernier s'est efforcé, en vain, de redresser la situation. Prêtant serment le 17 août 1989, après avoir été élu à la tête de l'Etat, il déclarait : « On ne construit pas un barrage avec des slogans [...]. Répondre à ce que le peuple attend n'est pas possible sans l'indépendance économique que l'on ne peut atteindre sans relance sérieuse de la production. Il faut agir, avoir des plans, ouvrir les universités à beaucoup de talents qui restent derrière les portes. » Pourtant, début 1995, l'Iran était toujours en crise : le régime était déchiré par les querelles intestines entre courants religieux « radicaux » et « pragmatistes », le PIB par tête et par an était tombé de 2 428 dollars en 1980 à 2 190 dollars, tandis que des émeutes, exprimant les désillusions de la population, éclataient dans plusieurs villes.

Le bastion du sunnisme, tel se présente l'Arabie Saoudite. Toutefois, dcpuis l'attaque de la Grande mosquée de La Mecque par des contestataires, en 1979, elle est prise dans un nœud de contradictions. En effet, grâce aux revenus du pétrole, la dynastie des Saoud a procédé à une prodigieuse modernisation du pays dont le prince Sultan, devenu en 1985, à 29 ans, le premier astronaute arabe et musulman, est le symbole. Parallèlement, les structures institutionnelles et sociales n'ont guère changé. La devise du royaume proclame « le Coran est notre Constitution ». C'est la même que celle des Frères musulmans. L'essentiel du pouvoir politique et économique reste détenu par les membres de la famille royale (quelque cinq mille personnes), de sorte que les élites de la nouvelle bourgeoisie formées sur place et à l'étranger réclament une plus grande participation aux affaires de l'Etat et une certaine libéralisation. Pour leur donner satisfaction, le roi Fahd a mis en place, en décembre 1993, un conseil consultatif (*Majless al choura*), sorte de parlement dont il a désigné les membres, appelé à proposer des réformes.

Pourtant, le souverain doit compter avec la montée d'une opposition conservatrice, voire intégriste. En effet, le royaume qui a acheté des armes pour des centaines de milliards de dollars, a prouvé son incapacité à les utiliser lors de l'invasion du Koweït par l'Irak, en août 1990. Pis, une coalition internationale a dû être mise sur pied à l'initiative des Etats-Unis et le débarquement de dizaines de milliers de militaires occidentaux (y compris des femmes sans voile) a choqué les couches les plus conservatrices. Enfin, cette nouvelle guerre du Golfe (1990-1991) a coûté cher au pays qui s'est endetté pour la première fois de son histoire et a dû, en 1993-1994, réduire de 20 % les budgets de tous les ministères et diminuer, du même coup, les prestations sociales.

Tant par prosélytisme religieux que par opposition aux régimes communistes, nationalistes modernistes et socialisants, l'Arabie a financé la plupart des mouvements islamistes sunnites qui se situaient d'ailleurs dans sa mouvance idéologique [11]. Or, les dirigeants de la majorité d'entre eux, sensibles aux opinions publiques, n'ont pas hésité à modifier leurs orientations et à prendre position en faveur de l'Irak, estimant que, par rapport à Israël, les Occidentaux et leurs alliés arabes pratiquaient la politique du « deux poids, deux mesures ». Sitôt la défaite de l'Irak acquise, le gouvernement saoudien a dénoncé publiquement « l'ingratitude » de ceux qui l'avaient trahi et a officiellement cessé ses financements. Le malaise n'a pas été pour autant supprimé, d'autant moins que le royaume ne pouvait refuser à Washington de soutenir le processus de paix israélo-palestinien, amorcé fin 1991, et de par-

---

11. De même, les Etats-Unis ont-ils soutenu, à un moment ou à un autre, la plupart des mouvements et des régimes islamistes ; en Afghanistan, la CIA a formé les volontaires venus du monde musulman qu'on retrouve depuis dans les groupes islamistes armés en Algérie, en Egypte et ailleurs.

ticiper aux négociations multilatérales qui se déroulent parallèlement entre plusieurs pays arabes et l'Etat hébreu. Or, le rival iranien et nombre de factions islamistes (dont le *Hamas* palestinien), précédemment soutenues par Riyadh, sont hostiles à ce processus de paix. En Arabie même, dès le début de 1992, quelques milliers de cassettes, critiquant les comportements et la politique de la famille royale, ont circulé sous le manteau.

Après quelques coups de semonce, le gouvernement a pris des mesures plus radicales. Un communiqué du ministère de l'Intérieur a annoncé, en septembre 1994, l'arrestation de deux hauts dignitaires religieux et de 157 de leurs partisans pour avoir menacé la sécurité de l'Etat par leurs menées subversives, fondées sur des « idées intégristes extrémistes et non réformistes ». Un mois plus tard, le roi Fahd créait un Haut Conseil pour les Affaires islamiques, chargé d'organiser les actions du royaume en faveur des musulmans à travers le monde ; présidé par le prince Sultan ben Abdelaziz, ministre de la Défense, il comprend six autres ministres, dont ceux des Affaires étrangères et de l'Intérieur, ainsi que le secrétaire général de la Ligue islamique mondiale. Le souverain a également mis en place un Conseil pour l'orientation islamique qui s'occupe de la formation et de la nomination des imams, ainsi que de la supervision des programmes et des prêches dans les mosquées du royaume.

L'islamisme en Algérie présente un cas de figure différent des deux précédents dans la mesure où, au début de 1995, il n'avait pas conquis la tête de l'Etat et où son parti le plus important, le Front islamique du salut (FIS), restait interdit depuis le printemps 1992. Toutefois, il avait obtenu de nombreux élus aux élections municipales et départementales de juin 1990 et ses candidats avaient remporté le premier tour des législatives le 26 décembre 1991. Cette victoire avait

Echec de l'islam politique

(Il y a) un modèle révolutionnaire, universaliste, de type iranien, et un modèle saoudien qui se limite surtout au contrôle des mœurs. Autrement dit, l'Iran c'est la révolution plus le tchador, l'Arabie Saoudite c'est la rente pétrolière plus le tchador et l'Algérie serait le FMI plus le tchador. [...] Penser l'islam en termes de politique conduit à l'échec. C'est la contradiction fondamentale de tout islamisme. Et son exacerbation conduit aujourd'hui à une surestimation des discours sur la réforme de soi ou sur le contrôle des mœurs comme critère unique de la société islamique. [...]

Le problème de l'islam aujourd'hui, c'est le décalage entre le discours totalisant de la religion et la vérité d'une société. Ce n'est pas d'accepter une laïcité qui s'impose d'elle-même, c'est de tenir un discours sur la réalité. Or, cette réalité est niée par les mouvements islamistes. Et leur aveuglement s'exprime soit dans un discours sur la conversion des mauvais musulmans, soit dans la thèse du complot, de l'empire du mal occidental, du grand Satan, des juifs, de l'ennemi intérieur. Face à la nostalgie des premiers siècles, qui est générale dans les sociétés musulmanes, le problème pour l'islam est donc bien, avant tout, non pas d'inventer une laïcité qui existe, mais de penser la réalité qu'il nie.

Olivier Roy, *Le Monde*, 13 octobre 1994
(auteur de *Echec de l'islam politique*, Le Seuil, 1992)

amené les militaires à suspendre le processus électoral, ce qui avait ranimé le cycle de violences déjà engagé depuis plusieurs années [12].

Rappelons brièvement les faits. La nouvelle Constitution, approuvée le 23 février 1989, autorise le multipartisme dans un pays qui vivait depuis près de trois décennies sous le régime du parti unique. Au fil des mois, les formations politiques, de très inégale importance, fleurissent, et une soixantaine d'entre elles sont légalisées. Un dizaine affiche des options fondamentalistes ou islamistes, dont le FIS dirigé par Abbassi Madani et Ali Benhadj.

Aux élections de juin 1990, on assiste à un raz-de-marée du FIS face aux autres partis, en particulier face au FLN (Front de libération nationale) qui a conduit le combat anti-colonial et dirigé depuis l'indépendance, en juillet 1962. Sur 12 841 769 inscrits et 8 366 760 votants (65,15 %) dont 381 972 (2,97 %) ont voté blanc ou nul, le FIS obtient aux municipales 4 331 471 voix (33,73 % des inscrits et 54,25 % des exprimés) et le FLN 2 245 798 voix (17,49 % des inscrits et 28,13 % des exprimés), les résultats des départementales étant du même ordre, un peu plus favorables encore au FIS.

L'année suivante, l'Assemblée populaire nationale adopte, pour les législatives, le monde de scrutin uninominal à deux tours qui favorise le parti arrivé en tête ; les députés FLN, faisant preuve d'une incroyable cécité, sont persuadés d'en bénéficier. La déconvenue est massive, le désaveu accablant. Selon les résultats officiels, il y a 13 258 544 électeurs inscrits, 7 822 625 votants (59 %) et 6 897 719 suffrages exprimés dont 902 096 bulletins nuls. Le FIS, qui remporte au premier tour 188 sièges sur 430 à pourvoir, est en ballottage favorable pour 171 autres, ce qui représenterait un total de

12. Pierre DEVOLUY, Mireille DUTEIL, *La Poudrière algérienne. Histoire secrète d'une république sous influence*, Calmann-Lévy, 1994.

359. Toutefois, en raison de sa mauvaise gestion et de certains excès, il recule par rapport à 1990 en n'obtenant que 3 260 222 voix (24,59 % des inscrits, 47,27 % des exprimés), le FLN n'en ayant que 1 612 947 (12,17 % des inscrits, 23,38 % des exprimés).

Un débat oppose aussitôt deux camps. D'un côté, les partisans de la poursuite du processus électoral, au nom des principes démocratiques, qui sont nombreux à estimer que le FIS au pouvoir confirmera son incapacité à gérer, ce qui favorisera l'alternance. De l'autre, les militaires, peu soucieux de renoncer à leurs privilèges, et des politiques qui redoutent de voir les islamistes, une fois aux commandes de l'Etat, profiter du système démocratique pour mieux l'étrangler [13].

La « plate-forme du programme » du FIS, exposée en mars 1989 dans le numéro 16 d'*Al Munqid*, organe du mouvement, alimentait l'inquiétude des démocrates. En voici les points essentiels. En politique intérieure : application de la *charia*. En politique étrangère : primauté à l'unité et à la solidarité interislamique ; instauration d'un Etat califal. Le point 10 reprend la vision bipolaire du *Dar el islam* et du *Dar el Harb*, même si les relations entre ces deux espaces peuvent être régies par la notion de nécessité ou *daruriyya* (voir chapitre III). Par ailleurs, trois objectifs majeurs sont définis : assurer « le prestige de l'Algérie et sa renommée dans le monde » (Point 10, alinéa 1) ; promouvoir « la modération dans ses positions et l'équité dans l'étude des problèmes internationaux ainsi que l'émancipation économique, sociale, historique et civilisationelle » (10, 2) ; appliquer « sur la scène internationale une politique conforme à la *charia* » (10, 3). A propos du grand Maghreb, la Plate-forme déclare : « Il faut briser le carcan du système traditionnel qui entrave les échanges des produits agricoles ou industriels et des services [...] et

13. Abed CHAREF, *Algérie, le grand dérapage*, Ed. de l'Aube, 1994.

empêche toute complémentarité économique. » (Point 5). Elle préconise également « la création d'un marché commun arabe et islamique » fondé sur les principes du « modèle d'économie islamique ».

Le FIS refuse toute solution négociée de la question palestinienne, recommande « le Jihad du peuple palestinien » (en ne prenant en compte que sa composante musulmane), prône « la libération d'Al Qods » (Jérusalem), et « le soutien au mouvement *Hamas* (adversaire de l'OLP). Le numéro 12 d'*Al Munqid* affirmait, par ailleurs, que le monde islamique « est la cible d'un vaste complot international judéo-maçonnique » orchestré par le sionisme et soulignait que « le modernisme dont le sionisme, au même titre que le capitalisme, le fascisme, le nationalisme arabe, le berbérisme, sont des manifestations ponctuelles », parce que « le modernisme refuse les valeurs transcendantes » et débouche « sur le marxisme et la licence des mœurs ».

Comme l'Iran, le FIS proclame « ni Est ni Ouest ». A l'égard de la France, il exprime une hostilité viscérale, dénonce sa « domination culturelle » et se déclare contre le *hezb França*, le « parti français », représenté pour lui par les formations berbères (Front des forces socialistes et Rassemblement pour la culture et la démocratie), et par tous les Algériens, notamment francophones, qui n'ont pas renié la culture de l'ancien colonisateur. Néanmoins – position tactique ? –, Abbassi Madani avait admis dans une interview que « l'Algérie et la France ont des intérêts convergents » et que les Algériens de France « doivent travailler dans l'intérêt des deux nations » [14]. Il est vrai que 60 à 70 % des importations et des exportation de l'Algérie se font avec l'Union européenne, au sein de laquelle la France reste son premier partenaire commercial.

14. *Politique internationale*, n° 49, automne 1990.

L'interdiction du FIS a eu pour effet de renforcer sa branche militaire, l'Armée islamique du salut (AIS) et surtout son rival, le Groupe islamique armé (GIA - voir ci-contre) qui a revendiqué l'assassinat aussi bien d'intellectuels que de prêtres, qualifiés de « croisés », en précisant que ces actions entraient dans le cadre de « la politique d'élimination des juifs, des chrétiens et des mécréants de la terre musulmane d'Algérie ».

L'armée a réagi avec une extrême vigueur, n'hésitant pas à utiliser le napalm et à recourir à la marine et à l'aviation pour bombarder les islamistes retranchés dans les forêts. A l'automne 1996, on estimait à plus de 60 000 le nombre de morts parmi les islamistes et les forces de l'ordre. Or, les « éradicateurs », selon le néologisme forgé par les Algériens partisans du « tout répressif », n'ont pas réussi, entre 1992 et 1996, à mettre un terme au cycle de la violence. De son côté, le GIA a tout fait pour tenir en échec les efforts des « dialoguistes » qui souhaitent intégrer le FIS et les islamistes modérés dans le jeu politique. Illustration, riche en symboles provocateurs, de la logique terroriste du GIA : le détournement, la veille de Noël 1994, d'un avion de la compagnie Air France en Alger, qui s'est terminé à Marseille, le 26 décembre, par la mort des quatre preneurs d'otages, tués par les agents du GIGN (Groupe d'intervention de la Gendarmerie nationale). En représailles, dès le lendemain, quatre Pères blancs étaient assassinés à Tizi Ouzou, capitale de la grande Kabylie. Rappelons aussi l'assassinat, dans des conditions odieuses, en 1996, des sept moines de Tibhirine et, le 1er août, de Mgr Pierre Claverie, archevêque d'Oran.

Le Groupe islamique armé (GIA)

La situation de l'islamisme armé présente un visage informe et inextricable qu'on appelle, par commodité de langage et parce qu'elles-mêmes se désignent ainsi : les *djemaâte* (les groupes). Le GIA dont se réclament ses chefs ne recouvre en réalité que la surface de leur organisation réelle dont ils sont parfois les premiers à méconnaître l'importance. Autour de l'*Emir* (chef, guide), son *majless* (assemblée), ses comités, ses réseaux de soutien, ses filières de planques et d'armements, gravite une nébuleuse d'hommes et de femmes qui ne demandent qu'à être mobilisés. Chaque membre d'une *djemaâ* peut lever sans grande difficulté une autre *djemaâ* dont chaque membre, à son tour, pourra faire de même. La mouvance islamiste, forte de ses quelque trois ou quatre millions de sympathisants, est généralement en état virtuel de *djihad*.

[...] Le territoire national est découpé en « zones » que coordonnent des responsables pour chaque région : est-ouest-centre. Ces régions sont appelées à établir leur unification. Chaque *djemaâ* devra soumettre son fonctionnement au statut-type du GIA et en accepter les règlements intérieurs [...]. Un Comité législatif islamique, comprenant notamment un ou plusieurs *muftis* (juriste religieux), gère la licéité des activités du groupe. Des comités s'occupent de tâches organisationnelles et opérationnelles (approvisionnement, rackets, assassinats, intimidations, hold-up...). L'instance suprême du groupe est le *majless choura* dont les membres sont rigoureusement sélectionnés sur la base de leur ancienneté, leur activisme ou leurs connaissances des fondements de l'islam. Tous sont régis par des règlements qui prévoient *bayaâ* (serment d'allégeance) à l'Emir, loyauté à l'égard du groupe et sacrifice pour la cause commune. Des peines de mort sanctionnent les défaillances. [...]

Pourtant, les *djemaâte* recrutent moins parmi les islamistes convaincus que dans la petite pègre. S'il y a un secret qui explique leur vitalité, c'est là qu'il réside. Délinquants, « hittistes » (désœuvrés), drogués, récidivistes ou gangsters constituent le monde interlope où le GIA trouve ses meilleures recrues. Le *djihad* légalise et légitime leurs activités que la loi et l'autorité condamnent. Le banditisme devient le bras séculier de l'intégrisme religieux dans un pays où la crise économique alimente la misère. Les casses, hold-up et rackets [...] sont le résultat inévitable d'une alliance intégrisme-banditisme qu'on nomme terrorisme. L'argent volé est non seulement rendu licite par une *fatwa* judicieusement prononcée mais couvre à la fois les besoins de l'organisation pour mener d'autres opérations et les besoins personnels du délinquant. Ce dernier est lavé de tout péché, dans un pays culturellement empreint de religiosité [...] et reconnu comme *moudjahid* (combattant).

Aïssa KHELLADI,
« Géopolitique des mouvements islamistes en Méditerranée »,
in Confluences-Méditerranée, n° 12, 1994

En conclusion : Occident contre Islam ?

L'islam a mauvaise presse en Occident. Et l'Occident n'a pas la cote en terre musulmane. Au point qu'à Casablanca, lors du sommet de la Conférence islamique (OCI), le 15 décembre 1994, le roi Hassan II a jugé nécessaire de proposer la création d'un « Haute Instance », chargée de rectifier les lieux communs et les préjugés visant les disciples de Mahomet.

Au-delà des suspicions, des critiques et des anathèmes réciproques, le danger existe que les rivalités entre citoyens du Nord et du Sud se transforment en guerres de religion. A qui la faute initiale ? Vaine recherche qui ne conduit à rien. Un fait est clair : les relations entre l'Islam et l'Occident ont été faussées par l'aventure coloniale. Un modèle culturel a voulu sans succès s'imposer à un autre. Et de cette épreuve de force, relancée par la révolution des mollahs iraniens puis par le développement de l'islamisme, en Algérie notamment, sont nés des ressentiments qui n'ont cessé de croître.

Chaque camp a fini par se figer sur des certitudes : l'Occident a fièrement brandi – à temps et à contretemps – l'étendard de la modernité dans lequel l'Islam a voulu voir une agression culturelle sous couvert de démocratie et de laïcité justifiant, aux yeux d'un certain nombre de musulmans, toutes sortes de réactions de défense, du simple repli sur soi à la plus aveugle des violences. Réactions d'autant plus vives qu'elles étaient souvent le fait de croyants sans réelle formation religieuse ou de manipulateurs sans scrupules.

Le message de « convivialité », de « paix » et de « tolérance » auquel Hassan II s'est référé a été brouillé par ces « attitudes » négatives. Comment imaginer qu'elles n'aient pas déclenché, en Occident, comme l'a souligné le roi du Maroc, une « campagne effrénée qui vise l'islam en tant que religion et mode de vie » ? Ceux qui ont conduit celle-ci n'ont pas fait grand effort pour dépasser les apparences : le voile – et bien au-delà le sort réservé à la femme dans la société – est ainsi devenu le symbole de l'obscurantisme. Et, puisque tout combat a ses héros, Salman Rushdie et Taslima Nasreen, aujourd'hui, en tiennent lieu.

Malgré les mises en garde, l'amalgame a été trop vite fait entre islam et islamisme, entre Occident et impiété. Taslima Nasreen, la proscrite, n'est-elle pas originaire d'un pays musulman – le Bangladesh – dont le Premier ministre est une femme ? C'est dire que l'Islam et l'Occident ne sont pas irréductibles l'un à l'autre. Ne pouvant s'offrir le luxe de s'ignorer, ces deux mondes sont condamnés à aller l'un vers l'autre sans pour autant renier leurs propres valeurs. Tout, ou presque, est, il est vrai, affaire de définition de mots et de commentaires de textes [1].

---

1. *Le Monde*, 16 décembre 1994.

Les musulmans dans le monde en 1995 [1-2]

PAYS D'AFRIQUE ET D'ASIE MEMBRES DE LA LIGUE ARABE			
	Millions d'habitants	%	Religions et rites
Algérie	28,6	99 1	sunnites autres
Arabie Saoudite	17,8	97 3	sunnites chiites
Bahrein	0,6	40 60	sunnites chiites
Djibouti	0,5	94 6	sunnites chrétiens
Egypte	59,2	91 7 2	sunnites coptes autres chrétiens
Emirats arabes unis	2,3	87 13	sunnites chiites
Irak	20,4	34 57 5	sunnites chiites chrétiens
Jordanie	5,4	94 6	sunnites chrétiens
Koweït	1,7	78 14 2	sunnites chiites chrétiens

1. Sources : Michel CLÉVENOT (sous la dir. de) *L'état des religions dans le monde*, La Découverte-Le Cerf, 1987 ; *L'islam dans le monde, op. cit.* ; Philippe LEMARCHAND (sous la dir. de), *Atlas géopolitique du Moyen-Orient et du monde arabe*, Complexe, 1993 ; *L'état du monde 1997*, La Découverte, 1996.
2. Ordre de grandeur et estimations.

	Millions d'habitants	%	Religions et rites
Liban	3,1	22 26 23 11 5 5 4	sunnites chiites maronites orthodoxes druzes catholiques arméniens
Libye	5,4	96 4	sunnites chrétiens
Maroc	27,1	98 2	sunnites chrétiens et juifs
Mauritanie	2,3	99,5	sunnites
Oman	2,1	40 60	sunnites ibadites
Palestine/OLP	5,0	87 13	sunnites chrétiens
Qatar	0,55	88 10	sunnites chiites
Somalie	9,2	99 1	sunnites animistes
Soudan	29,0	70 20 10	sunnites animistes chrétiens
Syrie	14,8	70 12 10 3 1	sunnites alaouites chrétiens druzes ismaéliens
Tunisie	8,9	99 1	sunnites chrétiens et juifs

	Millions d'habitants	%	Religions et rites
Yémen	14,5	58 40 1 1	sunnites zaïdites chrétiens hindouistes
PAYS D'AFRIQUE NOIRE			
Bénin	5,5	10/15 65 20	sunnites animistes chrétiens
Burkina Faso	10,2	42 48 10	sunnites animistes chrétiens
Cameroun	13,3	15/20 45 30/35	sunnites animistes chrétiens
Comores	0,6	99,5	sunnites
Côte-d'Ivoire	14,2	23 65 12	sunnites animistes chrétiens
Ethiopie	56,6	30/40 40 20	sunnites chrétiens animistes
Gabon	1,4	0,5 50 49,5	sunnites chrétiens animistes
Gambie	1,1	85	sunnites
Ghana	17,5	15 43 38	sunnites chrétiens animistes
Guinée	6,7	70 15 15	sunnites animistes chrétiens

	Millions d'habitants	%	Religions et rites
Guinée-Bissau	1,1	30 55 5	sunnites animistes chrétiens
Kenya	30,5	6 50 30 1	sunnites animistes chrétiens hindouistes
Libéria	2,7	25 65 10	sunnites animistes chrétiens
Madagascar	14,7	2/5 55 40	sunnites animistes chrétiens
Malawi	9,7	14 37 28	sunnites animistes chrétiens
Mali	10,8	75 24 1	sunnites animistes chrétiens
Mozambique	16,4	15 63 22	sunnites animistes chrétiens
Niger	9,1	85 15	sunnites animistes et chrétiens
Nigeria	111,7	43 34 19	sunnites chrétiens animistes
Ouganda	21,2	10 77 13	sunnites chrétiens animistes

	Millions d'habitants	%	Religions et rites
République Centrafricaine	3,4	4 60 35	sunnites animistes chrétiens
Rwanda	7,9	8 62 30	sunnites chrétiens animistes
Sénégal	8,3	8,4 7 6	sunnites animistes chrétiens
Sierra Leone	4,7	–	–
Tanzanie	29,6	33 40 27	sunnites et chiites chrétiens animistes
Tchad	6,3	45 33 22	sunnites chrétiens animistes
Togo	4,1	17 46 37	sunnites animistes chrétiens
Zaïre	43,9	2 95 3	sunnites chrétiens animistes
PAYS D'ASIE NON ARABES			
Afghanistan	20,1	60 30	sunnites chiites, quelques hindouistes
Bangladesh	128,3	86,6 12,1 0,6 0,3	sunnites hindouistes bouddhistes chrétiens

	Millions d'habitants	%	Religions et rites
Birmanie	46,5	4 85 10 1	sunnites bouddhistes chrétiens divers
Brunei	0,285	75 non connu	sunnites bouddhistes chrétiens animistes
Chine	1 238,3	1,4 non connu	sunnites (estimation) bouddhistes taoïstes chrétiens
Inde	935,7	12,5 83 2,6 1,89	sunnites et chiites hindouistes chrétiens sikhs
Indonésie	201,5	87 8,8 2	sunnites chrétiens hindouistes
Iran	67,2	93 4 3	chiites sunnites divers dont zoroastriens et bahaïs
Israël	5,7	14 80 3 2	sunnites juifs chrétiens druzes
Malaysia	20,14	52 48	sunnites bouddhistes, hindouistes, taoïstes

	Millions d'habitants	%	Religions et rites
Maldives	0,25	99,9	sunnites
Pakistan	140,5	75 20	sunnites chiites
Philippines	68,4	5 90	sunnites chrétiens
Singapour	2,9	17,4 29,3 26,7 10,3	sunnites taoïstes bouddhistes chrétiens
Sri Lanka	18,3	9 70 15 7	sunnites bouddhistes hindouistes chrétiens
Thaïlande	60,2	4 94 2	sunnites bouddhistes divers
Turquie	62,0	70 10/20	sunnites chiites
URSS (pays de l'ex-)	288,0	18 36 1,2	sunnites chrétiens juifs

Europe occidentale

Mis à part les pays de l'Europe balkanique (Albanie, Bulgarie, Grèce, pays de l'ex-Yougoslavie dont la Bosnie-Herzégovine) qui comptent des populations musulmanes de longue date (l'Albanie était musulmane à 70 % à la fin de la Seconde Guerre mondiale), ceux de l'Europe occidentale ont des communautés musulmanes récentes, plus ou moins importantes et issues pour l'essentiel de l'immigration.

Celle de France (environ 6,5 % des 57,8 millions d'habitants. Origine : Maghreb et Afrique noire principalement) est la première d'Europe. Viennent ensuite celle de l'Allemagne (2,7 % environ sur 81 millions d'habitants. Origine turque principalement), puis celle de Grande-Bretagne (3 % environ sur 58 millions. Origine : Pakistan, Bangladesh, Inde et Afrique de l'Est).

Les autres pays abritent des communautés allant de quelques dizaines de milliers (Suisse, Autriche, Belgique, Suède) à quelques centaines de milliers (Italie et Espagne, environ 300 000 chacun).

Amérique

- Au Canada : les 150 000 musulmans émigrés au Canada viennent pour l'essentiel du Proche-Orient (environ 0,6 % des 28,5 millions d'habitants), comme les chrétiens arabes.
- Aux Etats-Unis : les 6 millions de musulmans (sur 263 millions d'Américains) se répartissent entre les *Black Muslims*, descendants des esclaves noirs, et les Arabes américains originaires du Proche-Orient.
- En Amérique latine, les musulmans sont originaires principalement de Syrie, du Liban et de Palestine (environ un million dans les Caraïbes, 750 000 en Argentine, 450 000 au Brésil, 40 000 au Venezuela).

Il se trouve des communautés plus modestes dans d'autres pays du continent sud-américain.

Chronologie

■

Naissance de l'Islam

Vers 570

Naissance de Mahomet à La Mecque.

612

Premières révélations et début de la prédication.

622

Emigration à Médine ; an 1 de l'ère hégirienne.

630

Triomphe de Mahomet à La Mecque.

632

Mort de Mahomet à Médine, siège du califat.

632-634

Califat d'Abou Bakr ; raids en Syrie et en Irak.

Premières conquêtes

634-644

Califat d'Omar : première expansion.

636

Victoire sur les Byzantins à Yarmouk (Syrie).

637

Victoire sur les Perses à Qadissiya (Irak sassanide).

638

Prise de Jérusalem par les musulmans.

641

Conquête de l'Egypte ; fondation de Fostât.

644-656

Califat d'Othman ; recension du Coran.

656-661

Califat d'Ali. *Fitna* ou « grande rupture ».

657

Bataille de Siffin : division des musulmans en sunnites, kharijites et chiites.

661-750

Dynastie des Omeyyades ; Damas, siège du califat.

670

Fondation de Kairouan en Ifriqiya (Tunisie).

711

L'Indus atteint par les Arabes, à l'est, le détroit de Gibraltar franchi, à l'ouest.

732

Bataille de Poitiers : défaite des Arabo-Berbères.

750-1258

Dynastie abbasside ; victoire de Talas sur les Chinois en 751.

L'âge d'or

750-1100

Les sciences et les arts connaissent leur apogée dans *Dar el Islam*, le « territoire de l'Islam ».

756

Fondation de l'émirat omeyyade d'Espagne.

762

Fondation de Bagdad, siège du califat abbasside.

789

Fondation de Fès (Maroc) par les Idrissides.

800-909

Dynastie des Aghlabides en Ifriqiya (Tunisie).

831-902

Les Arabes en Sicile.

868-905

Dynastie des Toulounides en Egypte.

910

Les Fatimides (chiites) au pouvoir au Maghreb.

969

Les Fatimides en Egypte fondent Le Caire et édifient la mosquée-université d'Al-Azhar (970).

1001

Mahmoud, sultan mamelouk de Ghazni (Afghanistan), lance la première expédition en Inde.

1031

Fin du califat de Cordoue ; l'Espagne est divisée en principautés musulmanes souvent rivales.

1050

Envoyées par le sultan d'Egypte, les tribus des Banu Hilâl, Banu Soleim et Hassan, originaires d'Arabie, dévastent le Maghreb et amorcent son arabisation.

1050-1147

Dynastie berbère des Almoravides au Maghreb ; ils restaurent le sunnisme et fondent Marrakech (1070).

Seconde expansion

1071

Victoire des Turcs seldjoukides sur les Byzantins à Mantzikert et conquête de l'Asie mineure.

1085

Les catholiques s'emparent de Tolède ; les Normands sont en Sicile.

1086

Zallaka : victoire des Almoravides qui refont l'unité de l'Espagne musulmane du Tage à l'Ebre.

1095

Première croisade prêchée par le pape Urbain II.

1099

Prise de Jérusalem par les croisés.

1147-1205

Les Almohades. Ils réalisent l'unité du Maghreb qui ne survivra pas à la fin de cette dynastie berbère.

1153

Les îles Maldives adoptent l'islam.

1171

Saladin abolit le califat fatimide d'Egypte, reconnaît celui de Bagdad, sunnite, et fonde la dynastie des Ayyubides (Egypte, Syrie, Haute-Mésopotamie).

1187

Saladin reprend Jérusalem aux croisés.

1206

Le royaume afghan de Ghûr fonde le sultanat de Delhi (Inde).

1212

Les rois catholiques d'Espagne vainqueurs des Almohades à Las Navas de Tolosa.

1219-1231

Gengis Khan ravage l'Asie centrale musulmane ; après sa mort (1227), les Mongols occupent l'Iran.

1240

Afrique noire : fondation de l'Empire du Mali.

1250-1798

Egypte : dynastie des Mamelouks.

1258

Bagdad : conduits par Hülagu, les Mongols détruisent la ville et mettent à mort le calife.

1260

Le sultan mamelouk Baïbars met fin aux invasions mongoles et règne sur l'Egypte et la Syrie.

1269-1465

Maroc : dynastie des Mérinides.

1270-1291

Huitième et dernière croisade : mort de saint Louis à Tunis.

1292

Attesté par Marco Polo, l'islam a gagné trois peuples à Sumatra et dans la péninsule malaise.

1307-1311

Le sultanat de Delhi conquiert le Deccan, au sud.

De l'hégémonie ottomane à la « Question d'Orient »

1324-1354

LesTurcs ottomans s'affirment en Asie mineure.

1345

Première campagne des Ottomans en Europe.

1363-1405

Tamerlan, Mongol turquisé converti à l'islam, prend Samarcande comme capitale.

1385-1389

Conquêtes ottomanes dans les Balkans. Des missionnaires musulmans à Kano (Nigeria).

1413

Malacca (Malaisie) se convertit et diffuse l'islam à Java (Indonésie) et à Manille (Philippines).

1453

Les Ottomans s'emparent de Constantinople (Istanbul).

1464

Rayonnement de l'empire musulman des Songhays (Afrique).

1492

Chute de Grenade. Découverte de l'Amérique.

1498

Les Portugais sur les côtes de l'Inde.

1502

Perse : Chah Ismaïl fonde la dynastie des Séfévides et décrète le chiisme religion d'Etat.

1517

Les Ottomans du Caire ; protectorat sur La Mecque.

1521

Les Ottomans à Belgrade.

1526

Babur fonde l'empire moghol de l'Inde. Les Ottomans maîtres de la Hongrie.

1529

Vienne : échec du siège de la ville par les Ottomans.

1535

Alliance de François Ier et de Soliman le Magnifique.

1565

Malte : les Ottomans vaincus par les Chevaliers.

1571

Les Ottomans à Chypre ; leur flotte vaincue à Lépante.

1574

Les Ottomans occupent Tunis.

1707

Mort du dernier grand empereur moghol. Décadence de la dynastie qui s'éteindra en 1857.

1745

Arabie : pacte entre la tribu des Saoud et le réformateur Mohamed Abdelwahab (rite wahabite).

1757

Début de la conquête de l'Inde par les Britanniques.

1774

Début de la « Question d'Orient » : l'Islam affronte les ambitions des puissances européennes.

1779-1921

Iran : dynastie des Qadjar.

Nahda (Renaissance) et colonisations

1798-1801

Bonaparte en Egypte avec une cohorte de savants.

1805

Début du règne de Méhémet-Ali (1769-1849), fondateur de l'Egypte moderne.

1806

Arabie : les wahabites évincés de La Mecque par les Egyptiens au profit des Ottomans et des Hachémites.

1829

Traité d'Andrinople : indépendance de la Grèce.

1830

Algérie : début de la conquête par la France.

1833

Les saint-simoniens en Egypte.

1839

Egypte : débuts de la *Nahda* (Renaissance). Turquie : des *Tanzimât* (décrets réformateurs).

1843

Iran : le babisme, prélude à la religion bahaï.

1860-1861

Liban : massacre des chrétiens par les druzes.

1865-1876

Les Russes s'emparent de l'Asie centrale musulmane.

1870

Décret Crémieux accordant la nationalité française aux juifs d'Algérie.

1880-1920

Essor de l'idée panislamique et du nationalisme arabe.

1881

Protectorat français en Tunisie.

1882

L'Angleterre occupe l'Egypte. L'Erythrée « italienne ».

1895

Début du mouvement des « Jeunes Turcs ». Il donnera naissance aux « Jeunes Tunisiens », « Jeunes Marocains »..., embryons des mouvements nationalistes.

1905

Négib Azûri fonde, à Paris, la « Ligue de la Patrie arabe » et publie *Le Réveil de la nation arabe*.

1915

Turquie : génocide des Arméniens.

1916

Accords Sykes-Picot : l'Angleterre, la France et la Russie se partagent les futures dépouilles de l'Empire ottoman, démembré en 1918.

1917

Russie : révolution d'Octobre. Le Tatar Sultan Galièv rêve de marier islam et communisme en Asie.

Déclaration Balfour promettant la création d'un « Foyer national juif » en Palestine.

1920

Création de la Société des Nations (SDN).
Mandats français sur le Liban et la Syrie et anglais sur l'Irak et la Palestine.

10 août
Traité de Sèvres défavorable à la Turquie.

L'ère des indépendances : nationalismes et islamismes

1922

1er décembre
Turquie : abolition du sultanat.

1923

25 mai
Transjordanie : indépendance.

24 juillet
Traité de Lausanne annulant les dispositions du Traité de Sèvres prévoyant un Etat arménien et l'autonomie des Kurdes.

29 octobre
Turquie : Atatürk proclame la République.

1924

3 mars
Turquie : Atatürk abolit le califat.

1925

12 décembre
Iran : Reza Khan fonde la dynastie des Pahlavis.

1926

Arabie : les Saoud s'emparent des Lieux saints de La Mecque et de Médine gardés par les Hachémites.

1927

Inde : création de la *Jama'at al tabligh wa da'wa* (Association pour la diffusion du Message).

1928

Egypte : création de l'association des Frères musulmans par Hassan el Banna.
Inde : Mohamed Ali Jinnah, chef de la Ligue musulmane, défend la *Théorie des deux nations*.

1932

23 septembre
Proclamation du royaume d'Arabie Saoudite.

1936

Londres reconnaît « l'indépendance » de l'Egypte.

1945

22 mars
Fondation de la Ligue des Etats arabes en Alexandrie.

17 août

Indonésie : indépendance.

Liban et Syrie : évacuation des troupes françaises, qui se poursuit en 1946.

1947

15 août

Naissance du Pakistan après la partition de l'Inde.

29 novembre

Palestine : vote du partage entre juifs et Arabes par l'ONU.

Syrie : congrès constitutif du parti Baas.

1948

14 mai

Proclamation de l'Etat d'Israël et première guerre israélo-arabe.

1952

23 juillet

Egypte : les « Officiers libres » prennent le pouvoir sous l'égide du colonel Gamal Abdel Nasser, héraut de l'arabisme.

1954

1er novembre

Algérie : début de l'insurrection. Guerre de libération jusqu'en 1962.

1956

Maroc, Tunisie, Soudan : indépendances.

Deuxième guerre israélo-arabe après la nationalisation par Nasser de la Compagnie du Canal de Suez et le débarquement des troupes françaises et britanniques.

1958

14 juillet
Irak : proclamation de la République.

1962

Arabie : abolition de l'esclavage et fondation de la Ligue islamique mondiale.

1963

8 mars
Syrie : le parti Baas au pouvoir.

1967

5-10 juin
Troisième guerre israélo-arabe, dite de « Six-jours ». Israël occupe le Sinaï, la Cisjordanie, Jérusalem-Est et le Golan syrien. La défaite de l'Egypte amorce le reflux du nationalisme arabe moderniste.

1968

17 juillet
Irak : retour durable du Baas au pouvoir.

1969

25 mai
Soudan : coup d'Etat du général Gaafar Nemeiry.

1er septembre
Libye : le colonel Kadhafi renverse le roi Idris.

Septembre

Sommet de la Conférence islamique à la suite de l'incendie de la mosquée Al Aqsa, à Jérusalem. Organisation institutionnalisée en 1971 (OCI, siège à Jeddah).

Yasser Arafat devient président de l'Organisation de libération de la Palestine (OLP).

1970

Yémen du Sud : adoption d'une Constitution marxiste-léniniste.

28 septembre

Egypte : mort de Nasser. Sadate lui succède.

Montée de l'islamisme dans plusieurs pays.

1971

Partition du Pakistan. Bangladesh indépendant.

Indépendance de Bahrein, du Qatar et des Emirats arabes unis.

1973

6-25 octobre

Quatrième guerre israélo-arabe. Demi-victoire de l'Egypte qui récupérera le Sinaï.

26-28 novembre

Alger : sommet arabe reconnaissant l'OLP comme unique représentant légitime du peuple palestinien.

23 décembre

Premier « choc pétrolier » avec le doublement du prix du pétrole par l'OPEP.

1974

Avril

Boumediène lance à l'ONU le projet d'un Nouvel ordre économique international.

1975

6 mars

Signature de l'accord d'Alger entre l'Iran et l'Irak sur la délimitation des frontières.

13 avril

Liban : début de la guerre civile.

Vatican : création d'une commission pour les relations avec l'islam.

1977

19-21 novembre

Le président égyptien Sadate à Jérusalem.

1978

5-17 septembre

Accords de Camp David entre Egyptiens, Israéliens et Américains.

1979

26 mars

Traité de paix entre l'Egypte et Israël.

1er avril

Iran : proclamation de la République islamique par Khomeiny.

20 novembre-5 décembre

Arabie : occupation de la Grande mosquée de La Mecque par des opposants.

26 décembre

Afghanistan : intervention de l'Armée rouge.

1980-1988

Guerre Iran-Irak : islamisme contre arabisme.

1981

26 mai

Création du Conseil de coopération du Golfe (Arabie Saoudite, Bahrein, EAU, Koweït, Oman, Qatar).

6 octobre

Egypte : assassinat de Sadate au Caire par les islamistes. Moubarak lui succède.

1982

6 juin

Liban : entrée des troupes israéliennes.

Septembre

Le sommet arabe de Fès adopte un « Plan de paix » reconnaissant implicitement Israël.

1983

9 septembre

Soudan : Nemeiry instaure la *charia*.

1984

Janvier

Tunisie : révolte du pain. Maroc : émeutes de la vie chère.

Mai

Algérie : code de la famille rétablissant la répudiation et la polygamie.

1985

7 novembre

Au Caire, Yasser Arafat condamne « toutes les formes de terrorisme ».

1986

5-8 mars
Liban : le Djihad islamique annonce l'exécution de l'arabisant français Michel Seurat. Poursuite des prises d'otages libanais et étrangers.

4-17 août
France : à Paris, série d'attentats meurtriers par des islamistes à la solde de l'Iran.

1987

29 juillet
Arabie : affrontements entre pèlerins et armée saoudienne à La Mecque faisant 402 morts, dont 275 Iraniens.

9 décembre
Palestine : déclenchement de l'*Intifada* dans les territoires occupés par Israël.

1988

8 février
Afghanistan : Gorbatchev annonce le retrait des troupes soviétiques. La guerre civile entre factions armées musulmanes ne tarde pas à éclater.

8 août
Cessez-le-feu entre l'Irak et l'Iran.

12-16 novembre
En Alger, le Conseil national palestinien approuve la résolution 242 de l'ONU. Arafat proclame l'Etat de Palestine.

1989

14 février
Téhéran : *fatwa* de Khomeiny ordonnant à tous les musulmans « d'exécuter rapidement » le romancier britannique Salman Rushdie, auteur des *Versets sataniques*.

17 février

A Marrakech : création de l'Union du Maghreb arabe.

3 juin

Iran : mort de Khomeiny.

30 juin

Soudan : coup d'Etat du général Omar al-Bashir. En juillet, formation d'un gouvernement dominé par les islamistes de Hassan el Tourabi.

22 octobre

Accord de Taëf : les députés libanais approuvent un nouveau partage du pouvoir entre communautés chrétiennes et musulmanes.

8 novembre

Jordanie : les Frères musulmans remportent 31 sièges sur 81 aux premières élections libres et honnêtes.

1990

22 mai

Réunification des deux Yémen.

Juin

Algérie : victoire du Front islamique du salut (FIS) aux élections municipales et départementales.

2 août

Invasion du Koweït par l'Irak.

7-10 août

Formation sous l'impulsion des Etats-Unis, d'une coalition internationale de 32 Etats, dont la moitié des Etats arabes, contre l'Irak que les opinions publiques de la plupart des Etats musulmans soutiennent. Plusieurs mouvements islamistes demandent que la garde de La Mecque et de Médine soit retirée aux Saoud et confiée à un Conseil international.

1991

17 janvier

Attaque de l'Irak par une coalition internationale.

28 février
Cessez-le-feu.

5 mars
Irak : soulèvement kurde dans le Nord.

Mars
L'Arabie Saoudite annonce qu'elle ne financera plus les mouvements islamistes, dont le FIS, qui ont pris le parti de l'Irak.

Juin
Ex-Yougoslavie : début de la guerre des Serbes contre les Croates et les musulmans de Bosnie-Herzégovine.

30 octobre
A Madrid : début des négociations de paix israélo-arabes.

16 novembre
L'ONU abroge la résolution de novembre 1975 définissant le sionisme comme une forme de racisme.

26 décembre
Algérie : le FIS remporte le premier tour des élections législatives mais perd plus d'un million de voix par rapport à la consultation de juin 1990.

1992

11-16 janvier
Algérie : démission du président Chadli Bendjedid poussé par l'armée qui interrompt le processus électoral. Présidence de l'Etat confiée à Mohamed Boudiaf.

Février
Soudan : offensive massive de l'armée contre les « rebelles » du sud, animistes et chrétiens.

8 juin
Egypte : assassinat au Caire du penseur libéral Farag Foda par les islamistes. Montée de la violence.

29 juin
Algérie : assassinat de Boudiaf. Interdiction du FIS suivie de l'apparition de groupes islamistes armés.

Septembre

Turquie : violents combats entre les forces gouvernementales et les Kurdes accusés de séparatisme.

1993

9 mars

Egypte : premier grand procès d'intégristes musulmans (depuis l'assassinat de Sadate) à la suite d'attentats contre les étrangers.

9 septembre

Reconnaissance mutuelle d'Israël et de l'OLP.

Le 13 : signature à Washington de l'accord « Gaza-Jéricho d'abord », conclu à Oslo et préparant l'autonomie des Territoires occupés. Hostilité de l'Iran et des mouvements islamistes.

8 novembre

Jordanie : recul des islamistes aux élections législatives.

1994

1er janvier

Afghanistan : poursuite des affrontements ethniques et religieux entre factions sunnites et chiites, islamistes radicaux et modernistes.

1-3 janvier

Inde-Pakistan : pourparlers sur le Cachemire où les tensions demeurent vives entre bouddhistes et musulmans.

5 mai

Yémen : début de la guerre civile qui se terminera par la victoire du Nord sur le Sud et un renforcement des partis islamistes.

31 mai

Bosnie-Herzégovine : le Parlement bosniaque approuve la création d'une fédération entre Croates (catholiques) et musulmans. Poursuite de la guerre des Serbes contre les musulmans.

Septembre

Arabie : arrestation de deux dignitaires religieux et de 157 de leurs partisans accusés d'intégrisme et de complot contre l'Etat.

26 octobre
Israël et la Jordanie signent un traité de paix.

30 octobre-1er novembre
Maroc : la plus grande rencontre économique du Proche-Orient et de l'Afrique du Nord réunit à Casablanca 61 Etats dont Israël et six pays arabes.

2 décembre
Iran : l'ayatollah Ali Khamenei renforce son pouvoir politique et religieux en se faisant élever à la dignité de « source de référence » pour l'ensemble des musulmans chiites. Décision contestée par les non-Iraniens.

10 décembre
Oslo : Yasser Arafat, Itzhak Rabin et Shimon Perez reçoivent le prix Nobel de la paix.

15 décembre
Casablanca : VIIe Sommet de l'OCI ; l'islam officiel contre l'extrémisme et le terrorisme.

24-26 décembre
Alger : détournement sur Marseille d'un avion d'Air France avec 172 passagers dont 3 sont assassinés. Les 4 membres du commando du GIA tués par le GIGN.

27 décembre
Tizi-Ouzou : quatre Pères blancs assassinés par le GIA.

30 décembre
L'AIS « déclare la guerre à la France ».

1995

5 janvier
Algérie : les dirigeants du FIS condamnent les violences à l'encontre des civils algériens et étrangers.

Février
Afghanistan : apparition d'une nouvelle force islamiste, les *taliban* (étudiants-religieux).

26 juin
Egypte-Soudan : le président égyptien Hosni Moubarak échappe à un attentat attribué à des islamistes soudanais.

Juillet-septembre
France : série d'attentats islamistes à Paris et en province.

24 juillet-21 août
Israël : attentats du Hamas à Tel Aviv (7 morts, 28 blessés) et à Jérusalem (5 morts).

4 novembre
Israël : le Premier ministre Yitzhac Rabin assassiné par un jeune juif intégriste.

16 novembre
Algérie : Liamine Zéroual élu président avec 61,01 % des suffrages ; Mahfoud Nahnah, du HAMAS (islamiste modéré), obtient 25,58 %.

21 novembre
Ex-Yougoslavie : les présidents de Bosnie-Herzégovine, de Croatie et de Serbie paraphent à Dayton (Etats-Unis) un accord de paix qui entrera progressivement en vigueur.

1996

31 janvier
ONU : le Conseil de sécurité condamne le Soudan pour son soutien au terrorisme (islamiste).

27 mars
Egypte : le président Moubarak nommé à la tête de l'Azhar cheikh Al Tantaoui. Contrairement à son prédécesseur (mort le 15 mars), c'est un modéré ; il n'a pas condamné la contraception et a déclaré licite les taux d'intérêts bancaires.

18 mai
Turquie : le président Demirel échappe à un attentat islamiste.

29 mai
Israël : Benyamin Nétanyahou, chef du Likoud (droite) est élu Premier ministre. Craintes pour le processus de paix.

21 mai
Algérie : assassinat de sept moines de Tibhirine par le GIA.

6 juin
Turquie : Necmettin Erbakan, chef du Parti de la prospérité (islamiste), vainqueur des élections législatives (décembre 1995), nommé Premier ministre ; confirmé le 8 juillet.

25 juin
Arabie Saoudite : attentat au camion piégé contre la base de Khobar, près de Dahran (19 Américains tués, 345 blessés).

25 septembre
Territoires occupés : violents affrontements entre Israéliens et Palestiniens après l'ouverture du tunnel sous l'esplanade des Mosquées à Jérusalem-Est.

27 septembre
Afghanistan : les *taliban* s'emparent de Kaboul ; ils interdisent l'école aux fillettes et aux enseignantes.

4 novembre
Pakistan : Benazir Bhutto, Premier ministre, destituée.

3 décembre
Paris : attentat islamiste à la station de métro Port-Royal (3 morts, 128 blessés).

Bibliographie *

■

Paul BALTA, *L'islam dans le monde,* Le Monde-Editions, 1991.

Louis GARDET, *L'islam, religion et communauté*, Desclée de Brouwer, 1982.

Alain GRESH (sous la dir. de), *Un péril islamiste ?* Complexe, 1994.

Albert HOURANI, (traduit de l'anglais par Paul CHEMLA), *Histoire des peuples arabes*, Le Seuil, 1993.

Gilles KEPEL, *A l'Ouest d'Allah*, Le Seuil, 1994.

Abderrahim LAMCHICHI, *Islam et contestation au Maghreb*, L'Harmattan, 1989.

Philippe LEMARCHAND (sous la dir. de), *Atlas géopolitique du Moyen-Orient et du monde arabe. Le croissant des crises*, Ed. Complexe, 1993.

Denise MASSON (traduction de), *Le Coran*, Gallimard, 1976.

André MIQUEL, *L'islam et sa civilisation*, Armand Colin, 1990.

Xavier de PLANHOL, *Les nations du Prophète. Manuel géographique de politique musulmane*, Fayard, 1993.

Yann RICHARD, *L'islam shi'ite*, Fayard, 1991.

Jean SELLIER, André SELLIER, *Atlas des peuples d'Orient, Moyen-Orient, Caucase, Asie centrale*, La Découverte, 1993.

---

* Au fil des chapitres, nous avons donné, en bas de page, les titres des ouvrages permettant de prolonger la lecture des principaux thèmes abordés. Le lecteur trouvera ci-dessus les titres d'ouvrages de base récents.

Index

■

IMPRIMÉ EN FRANCE PAR BRODARD ET TAUPIN
6979R-5 - Usine de La Flèche (Sarthe), le 13-06-1997.

pour le compte des
Nouvelles Éditions Marabout
D.L. mai 1997/0099/183
ISBN : 2-501-02901-1